JN018136

ビジネストランスレーター

データ分析を
成果につなげる
最強のビジネス思考術

木田 浩理
石原 一志
佐藤 祐規
神山 貴弘
山田 紘史
伊藤 豪

日経BP

はじめに
「ビジネストランスレーター」とは何か

DXの実態

　「DX」（デジタルトランスフォーメーション）はこの数年の大きなトレンドです。コロナ禍において従来型の対面コミュニケーションを中心とした業態は大きなビジネスモデル転換を余儀なくされ、データやデジタル技術を駆使していくことこそが競争優位の源泉とされています。DXにおいては、デジタル技術を単に導入することだけでは不十分であり、デジタル化により得られるデータをいかに分析・活用するかが重要なポイントです。

　ですが、企業がDXにおいて必要不可欠なデータ分析に取り組もうとすると、まず「データ分析人材がいない」という課題に直面します。やっとの思いでデータ分析人材を獲得しても、活躍してもらうには受け入れ先企業の環境を整えることが必要です。そのためには受け入れ側の理解がないといけませんが、中間管理職から経営層までの意思決定者のなかに、データ分析の専門人材がいる企業は珍しいのが実情です。そもそも、「データ分析者を採用しても何をするのか明確に決まっていない」ことも多く、社長の鶴の一声でデータ分析者を採用したような企業の現場は混乱を極めて成果どころではありません。

　企業のデータ分析推進には当然ながら多くのコストがかかりますし、単純にデータ分析者やデータエンジニアを1人雇ったらすべてが解決するというわけではありません。また、データ分析者だけで何か価値を生み出せるわけではなく、組織全体の意思決定方法を同時に変化させなければなりません。ヒト（データ分析人材）、モノ（データ分析の環境）、

カネ（予算）がセットになっている必要がありますが、経営層がこの点を認識していないとデータ分析組織はただのコストセンターと見なされ、結果、存在意義が不明確となり、必要な予算が手当てされず、データ分析人材が流出してしまうことにもなりかねません。

データ分析現場で起きている問題

データ分析現場で起きている典型的な問題を挙げてみます。まず、「データで何を解決したいのか」というそもそもの目的設定が曖昧で、「意見がバラバラなのでプロジェクト全体像が描けない」という壁に直面しています。さらに、「そもそも必要なデータや環境が整備されていない」といったケースがある他、「データ分析手法の妥当性が判断できない」ために、結局「データの利活用が進まず」、引く手あまたのデータ分析者はより良い条件を求めてすぐに辞めてしまうのです。

こうした問題を解決するために、筆者たちは前著『データ分析人材になる。目指すは「ビジネストランスレーター」』（日経BP、2020年）にて「5Dフレームワーク」を提唱しました。5Dの「D」とはDemand、Design、Data、Develop、Deployのことで、過去のデータ分析プロジェクトの失敗経験を基に編み出したフレームワークです（**図表0-1**）。データ分析プロジェクトが失敗するのは5つの「D」のどれか（または複数）を乗り越えていないからで、言い方を変えれば、5Dを順番に進めていけば、データ分析プロジェクトを成功に導くことができます（5Dフレームワークは本書でも後述します）。

図表0-1　5Dフレームワークの5つの「D」

前著（『データ分析人材になる。』）では文系でもデータ分析人材になれ

る方法を紹介しつつ、データ分析プロジェクトがなぜ失敗するのかを解説しました。お読みくださった方から「データ分析プロジェクトがうまくいかない理由が分かった」といった感想を多くいただき、また、様々な企業のデータ分析プロジェクトの責任者の方々からご相談を受け、彼・彼女らが直面している課題の解像度が鮮明になってきました。それは、「データ分析組織をつくったが、ビジネスに生かせていない」という課題です。本書はこの課題に向き合っています。

ビジネストランスレーターという役割

　データ分析をビジネスに結び付けることができているケースはもちろんありますが、その多くは、特定の「人」の存在に依存していないでしょうか。例えば、統計数理の専門家でなく、マーケティングの豊富な実務経験があるわけでもないが、データ分析者が出した分析結果をビジネス視点で解説することにたけている人。また、データサイエンスを得意としていながら、意識的にビジネス現場に赴いてギャップを埋めようと努力し、現場目線に立ったデータマーケターとして活躍している人などです。

　そういう人は何をしているかというと、データ分析者とビジネス現場の担当者の間に立ち、ビジネス現場が抱えている課題を整理してデータ分析者に橋渡しをしたり、逆にデータ分析者が出した分析結果をビジネス現場が正しく使いこなせるよう翻訳したりしています。こうした人がいれば、データ分析をビジネスに確実につなげることができます。そういう人を「ビジネストランスレーター」と呼びます（前著『データ分析人材になる。』でも触れていますが、本書にて詳しく解説します）。

　なお、ここまで「ビジネストランスレーター」という「人」の存在を際立たせて書きましたが、そういう専門人材が必要になるわけではなく、誰もがなることができます。本書では「ビジネストランスレーター」を

役割と定義し、その役割を担うために必要な「スキルセット」を解説しています。データ分析者がこのスキルセットを身に付けても、ビジネス担当者が身に付けても、また、管理職が身に付けても構いません。データ分析プロジェクトに関わる多くの人がビジネストランスレーターに必要なスキルセットを身に付ければ、「データ分析組織をつくったが、ビジネスに生かせていない」といった問題は起こらなくなるでしょう。

ビジネストランスレーターの存在意義

　データ分析者とビジネストランスレーターは別の役割を担います。例えば、DXの初期フェーズにいる企業は、恐らく熟練のデータ分析者は社内にいないと思いますが、それでも高度な分析スキルが必要になるときがあります。そうした場合、外部の分析専門会社にスポットで依頼することを考えるでしょう。しかし、専門会社のスキルはピンキリで、もちろん素晴らしい技術を持った会社は数多くありますが、知名度があってもスキルが伴っていない会社も少なくありません。さらには、気がついたらデータ分析プロジェクトのすべてを発注させられ、しかも大した成果はなく高いコストを支払い続けているというパターンもよくあります。

　ビジネストランスレーターのスキルセットを備えていれば、そのような状況に陥ることは避けられます。なぜなら、どの部分を切り出して外部委託し、どの部分は自社内でできるのかといったことを適切に判断できるからです。ビジネスの課題を正しく整理し、分析結果を適切に実務につなげられる人材さえいれば、高度な分析作業だけを外部委託し、あとは自前で行えばよいのです。逆に、どれだけ高いデータ分析スキルを持つ人材が社内にいたとしても、ビジネスの問題を正しい分析課題に落とし込むことができなければ意味がありません。

　高度なデータ分析を外部委託するときだけではありません。日常のデータ分析案件においても、分析者が結果を一生懸命報告しているにも

かかわらず、現場のビジネス担当者はいつものれんに腕押しの状態で全く響いてくれない、ということはないでしょうか。逆にビジネス担当者は、分析担当者に分析をお願いしても、求める提案が期待する形で出てこなくて困っている、ということはないでしょうか。そのようなケースでも、ビジネストランスレーターがいれば、なぜ現場のビジネス担当者と温度感のズレが生じてしまっているのか、間に立って解決に向けた方向性を示してくれます。

データ分析のアンチパターンとビジネストランスレーター

そもそもデータ分析の「目的」は何でしょうか。ビジネスではあらゆるところに課題があり、その課題を解決するために、ヒト・モノ・カネなどのリソースを戦略的に投下します。データ分析はそうした課題解決における仮説構築に役立ちますし、意思決定に必要なファクトや予測を算出することもできます。

しかし残念ながら「はじめに結論ありき」の企業が少なくありません。例えば、ある部門がマーケティング施策を実施したいと考えたとします。さらに、特定のエリアにおいてカタログ配布や広告投下を検討しており、データ分析組織にROI（費用対効果）のシミュレーション依頼が来たとしましょう。正しい対応としては、過去の膨大なデータを基に、広告費やカタログ送付先リストをどこまで増やせばよいのかをシミュレーションし、「このエリアのこのリストの5万人に送付すればROIは最大化する予測になります」と提案することかもしれません。もしくは、この施策はどうやっても利益が見込めないということであれば、「方向性を変更するべき」という言いにくい事実を、数値根拠をもって提言する必要があります。

ところが、その部門の責任者は「いやいや、この施策は経営層にコミットしてしまったからもう引き返せない。施策の実施が正しいという結論

になるような分析結果を出してほしい」と言ってくることがあります。このとき、中途で採用されたデータ分析者は、入社して日が浅くまだ発言力も弱いため、思わしくないシミュレーション結果が出たとしても嫌々ながらも無理やり都合の良い部分だけを切り取って依頼側のイメージに沿うようにレポートします。その結果、マーケティング施策は大した効果なく終わり、目利きのできない経営層はそのマーケティング施策の実施に当たって穴があったことなど気づくことなく、「データ分析は大した成果を出せない」という印象だけが残ることになります。分析自体が目的化してしまったアンチパターンです。

　前述のようなビジネスサイドの「政治」に巻き込まれたケースがあれば、分析サイドの「思い込み」や「ビジネス知見のなさ」が原因でうまくいかないケースもあります。あるデータ分析者は、製造業の特定の箇所におけるリスクを予測するモデル開発を依頼されました。ただ、手元にあるデータは特定の期間、特に年間の中で最も多くのデータが発生するお盆の期間のデータだけでした。依頼側のビジネスモデルを理解できていれば、手元にあるデータは、通常時とは異なる異常値であることが容易に分かります。もしくは分からずともデータの内容について細かく依頼元にヒアリングをすればよかったのかもしれません。

　しかし、そのデータ分析者は特に疑問に思うこともなく、そのまま分析を開始してしまいました。その結果、出来上がったモデルは年間の数日間のみに最適化され、実際の現場では全く役に立たない代物になってしまったのです。ビジネス現場側もそのモデルの問題点に気づかず、結果として「全く使えない」との評価が下されることになりました。

　これら2つの事例は、ビジネストランスレーターがいたら全く違う展開になっていたでしょう。前者の場合、分析の目的がおかしく、このまま突き進んでも誰も得をしない結果になるであろうと予測し、ビジネス

現場や経営層を巻き込み、きっちりと指摘して方向修正をするでしょう。後者の場合、手元にあるデータの偏りに気づき、モデル作成の前に、必要なデータ収集を推進するでしょう。

データサイエンティストの役割

　第3次AI（Artificial Intelligence：人工知能）ブームが始まった頃、ハーバード・ビジネス・レビュー誌にてデータサイエンティストは「21世紀で最もセクシーな職業（Data Scientist：The Sexiest Job of the 21st Century）」と評され、それをきっかけに「データサイエンティスト」という言葉が世の中に一気に広がりました。それから約10年がたち、現在「データサイエンティスト」という言葉が独り歩きしているように思います。「データアナリスト」と「データサイエンティスト」という言葉があり、筆者が調べた限りでは、現在、日本で「データサイエンティスト」という言葉は大きく2種類の意味で使われています。

　1つは、統計学や機械学習などの深い専門知識を有し、プログラミング言語などを用いて複雑なアルゴリズムを処理できる人材という定義です（**図表0-2**の定義1）。これは、「データアナリスト」の主業務がExcelやBI（ビジネスインテリジェンス）ツールなどを用いて可視化やレポーティングを行うことで、「データサイエンティスト」はビジネス面よりも統計解析の専門性にこそ重きを置くべき、という考えです。

　もう1つは、単に統計解析に関する高い知識やスキルを持つだけでなく、データ分析が正しく課題解決につながるよう、経営やビジネスにも精通した人材という定義です（**図表0-2**の定義2）。この定義では、「データアナリスト」は分析作業だけを担う人材で、「データサイエンティスト」はビジネス上の課題を発見してビジネスに活用するところにまで責任をもって対応することができる人材であるとしています。

　図表0-2で見ていただくと分かりやすいのですが、この2つの定義は、データアナリストから見たデータサイエンティストの位置づけが全く異なっています。なぜこのようなことになっているのでしょうか。

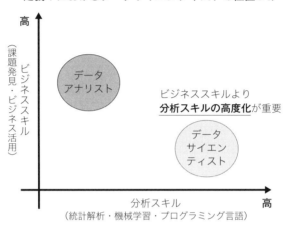

定義1におけるデータサイエンティストの位置づけ

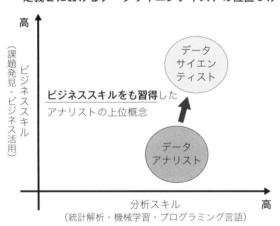

定義2におけるデータサイエンティストの位置づけ

図表0-2　2種類のデータサイエンティストの定義

定義1は、データサイエンティストという言葉にある「科学者」のイメージから、研究者としてビジネスには関与せずただ専門性を追求する人たちという印象があるのかもしれません。

　そしてもう一つ、これは専門人材の方にとっては耳の痛い話かもしれませんが、データ分析を主業務として取り組む方の中には対人コミュニケーションや社内政治などに重きを置くビジネス現場を嫌忌し、「現場のビジネスの世界には関わらず、数値と分析の作業のみに集中していたい」と考える方が決して少なくないという理由が考えられます。そういった方にとっては、定義1のようにビジネスから分析を切り離し、ただただ得意な専門性だけを求めることを意味する用語であると都合が良いのです。

　それは一部の分析コンサルタントにとっても同じです。彼・彼女らは、データ分析の専門家という立場で各企業に提案し、あくまで「依頼された課題」に対し淡々と分析作業を実施し、導出した結果をそのまま依頼元に渡してそれをもって業務完了とします。その結果がビジネスの現場で役に立つかどうかは関係ありません。課題設計の適切さや分析結果の活用自体はビジネス現場側の責任であり、自分たちは依頼されたことをきちんとこなすのが仕事である、というスタンスです。

　そのような分析コンサルタントを否定するつもりはありません。ビジネスに関しては普段取り組んでいる人の方が詳しいことは確かであり、詳しい人に任せたいと考える気持ちは理解できます。また、「シンプルに分析作業だけを担当してくれる業務委託」というニーズも実際あることでしょう。

　ただ、このような定義のデータサイエンティストの方の中には、スキル追求をこじらせてしまい、"高度な"データ分析スキルを使うこと自体

が目的化し、保有する専門知識を振りかざし、ビジネス現場側の意向や意見を無視あるいは否定し、「自身のやりたい分析」だけをゴリ押しする方も残念ながら見かけます。ビジネス現場側への理解が薄いだけならまだしも、ここにまで至ってしまうとただの害悪でしかありません。

　筆者たちはこのような自分勝手で害悪をもたらす分析者を「データゴリラ」と呼んでいます。分析スキルの専門性を圧倒的な力のように振りかざして相手の反論を防ぎ、暴力的に自身の意見を押し通そうとするそのさまは、（本来はおとなしい動物ですが）映画や物語で記号化されたゴリラそのものです。

　ビジネスにおけるデータ分析は「ビジネスに使われる」ことが重要であり、使われない分析には全く意味がない、と考えています。使われなければ、ただの自己満足の作業にしかならないのです。データ分析作業は、やろうと思えばいくらでも深掘りして時間をかけることができます。しかし、どれだけ時間をかけようと、その分析結果がビジネスの現場で使われなければ、または経営の意思決定に使われなければ、何の価値も生んでいない無駄な作業となります。だからこそ、データ分析業務においては、課題発見や結果活用のビジネススキルが必須であると考えています。

　定義2が示すデータサイエンティストのように、高度な分析スキルを持つ分析者が併せてビジネススキルも持っていれば一番理想的ですが、難しいようであれば分析の専門人材とは別の人がビジネス面をカバーしても構いません。ただ少なくとも、データ分析においては分析スキルとビジネススキルが両輪となって回ることが重要であると自覚し、ビジネス面をカバーする担当者を対等に考え、連携して取り組む必要があります。「データゴリラ」になってはダメなのです。

「ビジネストランスレーター」がいない分析プロジェクト

　データ分析プロジェクトに「ビジネストランスレーター」がいないとどうなるでしょうか。分析プロジェクトは機能するのでしょうか。筆者たちが過去に経験した事例を2つ紹介します。

　1つ目の舞台は商社です。一般消費者向け商品を取り扱う会社で、主力商品の売り上げが減少してきたので、その対策としてデータ分析プロジェクトがスタートしました。グループ会社から高いスキルで評判のデータ分析者が呼ばれます。現状について共有したのち、話題は「データ」に移りました。そのデータ分析者は「とにかく保有している過去の販売データ・顧客データをすべてください」と言います。商社側は言われるがまま、各所からデータをかき集めて用意しました。

　データ分析に関する打ち合わせはその最初の1回だけで、その後、メールのやりとりもないまま次の報告会を迎えます。データ分析者は、時系列モデルによる各商品の販売予測のグラフを示しました。確かに予測できることは素晴らしいのですが、これだけでは現場は手を打つことができません。一部の商品カテゴリーに至っては、「データが足りない」を理由に予測すらできていないものもありました。

　データ分析者は、予測値と実測値のフィット具合をアピールしますが、「この商品はこれから拡大します」とイチオシしてきた商品は、現在は販売していない商品でした。「○○と△△は一緒に買われる」という併売分析もしてくれましたが、本体とそのオプション品の組み合わせのようなごく当たり前の内容で、現場から見るとおかしな提案ばかりです。

　肝心の主力商品については、「今後さらに減少します」と言うだけで、「それでは何も手を打つことができない」と指摘すると、データ分析者は「もらったデータから作れるモデルとしては最善」「予測は予測であ

る」として譲りません。

　データ分析者がもっとビジネスの現場に入り込んで、問題や課題の整理をしていたならば、明らかにおかしな提案にはならなかったはずです。分析を依頼した商社側も、手元のデータではこういった結果が出るだろうとイメージを描いたうえで分析を依頼していれば、後で慌てることもなかったでしょう。さらに「相手はデータ分析の専門家だから」と遠慮してしまい、結果が出るまでの間、何の確認もしなかった点も問題でした。分析結果が出てくれば何か改善のヒントが見つかるだろうと、楽観的に考えてしまったのです。

　もう1つは、小売事業を展開する企業での話です。経営層の指示で社内の各部門から人が集められてプロジェクトが立ち上がります。その際の指示は「販売に関するあらゆるデータを1カ所で参照できるようにすること」「現在出している広告の効果を詳細に分析できるようにすること」「将来どこにどのような広告を出すべきか自動で分かる仕組みが欲しい」ということでした。自社にはこれまで十数年間蓄積された販売データや広告データがあり、AIを使ってそれらを分析すれば、経営判断に資する情報をリアルタイムで見られるようになるのではないか、というのです。経営層にはそのような成功イメージがあるようでした。

　しかし、これまでそのような分析をしたことはなく、専門知識を持った人もいません。そこで、データ分析の専門業者が呼ばれ、ヒアリングやデータ収集が始まりました。定期的にミーティングの場が持たれ、専門業者から詳細な指示が出ます。IT部門にも協力してもらい、多くのデータを集めて渡しました。

　数カ月たってデータ分析の専門業者から集計結果や予測モデルが提示されます。それに対して経営層は「思っていたものと違う」「もっとこ

んな機能が欲しかった」との反応。分析作業はやり直すこととなりました。新しいデータが必要になり、また関係者が集められて専門業者にデータを提出し、そしてまた数カ月がたちます。

　時間がたつとビジネス環境は変わってしまうので、前回リクエストした機能を作ってもOKが出なくなります。こうなると、データ分析の専門業者側はその場で指示された通りの予測・シミュレーションモデルを作ることに終始してしまい、統計的には正しくても経営層や現場から見ると疑問に思うようなアウトプットしか出てきません。

　また、専門業者が作成したモデルは複雑で、その業者の担当者にしか取り扱うことができませんでした。そのため、季節が変わったり、新しい商品が追加されたりすると、そのたびに専門業者にモデルの修正をお願いすることになります。結果、決して安くはないコストが延々とかかり続けるプロジェクトになってしまいました。

　紆余曲折あり、当初とは大きく異なるアウトプットに変貌しても、まだ経営層の要望を満たすことができません。年単位の時間と億単位の費用をかけたにもかかわらず、何の成果を上げることなくプロジェクトは中止に追い込まれます。その後しばらく、社内では触れてはいけない話題となりました。

ビジネストランスレータースキル

　データ分析者はコンピューターを使って演算しますが、いかにテクノロジーが進歩しようと、演算結果をビジネスに生かすのは人であり、人の感情や気持ち、人と人の関係性といったアナログで泥臭い部分を無視することはできません。そのような泥臭い部分を含めて、この数年、「データ分析にはビジネス力が不可欠である」と言われてきました。

　しかし、データ分析に必要な「ビジネス力」とはどのようなもので、どのようにして身に付けることができるのかについて、言及している書籍やセミナーは多くありません。それぞれの人がなんとなく経験則で言っているにすぎないように思います。「ビジネス力」とは、単純にそのビジネスをよく知っているということではないでしょう。これまでビジネス現場で情報収集してきたが、それでもデータ分析結果をうまくビジネスに活用できなかった、ということは多々あると思います。

　一方でビジネス現場の担当者も、ビジネスについてはよく理解しているものの、データ分析者から欲しい結果を引き出すことができなかった、ということがあるのではないでしょうか。長く当該ビジネスに携わっていても、データ分析者に適切に依頼し、欲しい結果を引き出せるわけではありません。データ分析者をうまくコントロールする力が必要です。

　データ分析者には「ビジネス力」が必要で、ビジネス担当者には「データ分析者をうまくコントロールする力」が必要であるということは、それらを新たな「スキルセット」と定義できそうです。これまでデータ分析プロジェクトを成功させるには「データ分析スキル」が必要と考えられてきました。いわば1次元（**図表0-3**の横軸）でスキルの高低を捉えていましたが、そうではなく、もう一つの軸（同縦軸）を設けて2次元で考えるのです。この縦軸が「ビジネストランスレータースキル」です。

　新たな軸の出現によって、データサイエンティストが参加していてもデータ分析プロジェクトがうまくいかない理由を説明できるようになります。たとえ高度なデータ分析スキルがあっても、ビジネストランスレータースキルが低いと失敗するということです。ビジネストランスレータースキルを身に付けた人は、ビジネス現場とデータ分析者の間に立ち、適切な課題を発見し、それを分析案件に落とし込み、分析結果をビジネスに正しくつなげることができます。

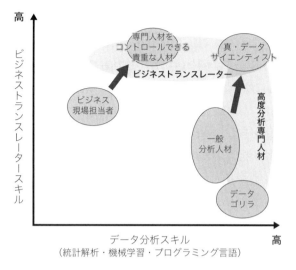

図表0-3　データ分析プロジェクトに欠かせない2つのスキル

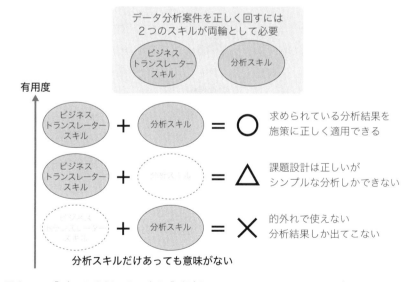

図表0-4　「データ分析スキル」と「ビジネストランスレータースキル」の両方が必要

　データ分析プロジェクトを成功させるには、「データ分析スキル」と「ビジネストランスレータースキル」の両方が必要です。もし「データ分析スキル」がなければシンプルな分析しかできませんし、「ビジネストランスレータースキル」がなければ「的外れで使えない分析結果しか出てこない」ことになります（**図表0-4**）。

　ビジネストランスレータースキルはデータ分析者が身に付けてもいいですし、ビジネス担当者が身に付けても構いません。もちろん、管理職などの意思決定者が身に付けても構いません（**図表0-5**）。既に一定以上のデータ分析スキルを有する方は、ビジネストランスレータースキルを身に付けることにより、課題解決・ビジネス活用につながるデータ分析を提供する「真のデータサイエンティスト」となることができるでしょう。また、分析スキルを有さないビジネス担当の方であっても、ビジネストランスレータースキルを身に付けることで、データ分析者をうまく活用できるようになります。

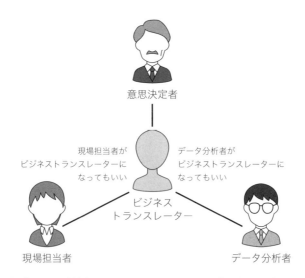

図表0-5　ビジネストランスレーターには誰がなってもいい

現在、ビジネストランスレータースキルを身に付けている人は多くありません。そのため、習得することで、データ分析プロジェクトにおいて必要不可欠な人材になることができます。例えば、「他の分析担当者は正直何を言っているか分からないけれど、〇〇さんだけは意味のある分析をしてくれる」とか、「分析担当部署に依頼をするときは、◇◇さんにマネジメントを任せるといつも非常にうまくいく」、そのように周囲から期待される立場になることができるのです。

汎用性のある「ビジネストランスレータースキル」

　本書では「データ分析」という観点で「ビジネストランスレータースキル」を紹介しますが、実はこのスキルの大部分はデータ分析に限らず、システム開発、法務、経営などの様々な分野において、専門人材とビジネス現場をつなぐことができる汎用的なスキルです。

　システム開発を行う際、SEの使う難しい専門用語にのまれ、お願いしたい開発要件を正しく伝え切れず、結果何の役にも立たないシステムが出来上がってしまったということはないでしょうか。逆に、システムエンジニアの方は、依頼者の本当の要求条件を読み取れず、苦労して作ったシステムやツールが結局使われなかったという悔しい経験もあるのではないでしょうか。

　ビジネストランスレータースキルは、各種専門人材とビジネス現場の乖離を解消する際に有効なスキルです。実際、筆者たちの中にはプロジェクトマネジャーとしていくつものシステム開発を主導した者もいますし、中小企業診断士として経営者から経営課題を引き出し診断・助言する業務を行っている者もいます。それらに共通するのは、真の課題を引き出し、要件に落とし込み、専門性を活用して結果を導き、それをビジネスに活用することです。ぜひ、本書を通じてビジネストランスレータースキルを磨いていただき、データ分析案件だけではなく、様々なビ

ジネス案件において活用いただければと考えています。

　本書執筆メンバーは、これまで多くのデータ分析プロジェクトにおいて、あるときはデータサイエンティストとして、あるときはマーケターとして、そしてまたあるときはビジネストランスレーターとして関わってきました。データサイエンティストがプログラミングやデータサイエンスの知識を学んだり、マーケターがマーケティングフレームワークやウェブマーケティングの手法を学んだりするのと同様に、ビジネストランスレーターにも身に付けるべき知識とスキルがあります。本書では、ビジネストランスレーターの知識とスキルを誰でも身に付けられるように体系化していますので、明日からでもすぐにご自身で取り組めるものが多数あるはずです。

　データ分析プロジェクトがあまりうまくいかないとお悩みのビジネスパーソンのみなさん、もしくはこれから社会に出る前に自分の専門性に不安になっている学生のみなさんにとって、本書がその方向性を指し示す一助の光になることを願っています。

目次

第2章 ビジネストランスレータースキル2 「プロジェクト遂行力」

第3章 ビジネストランスレータースキル3 「ビジネス背景理解力」

第4章 ビジネストランスレータースキル4 「データ解釈基礎力」

第5章 ビジネストランスレーターになる。

ビジネストランスレーターと
5Dフレームワーク

５Ｄフレームワークとは

　「はじめに」では、分析プロジェクトを成功に導く「ビジネストランスレーター」という役割について説明しました。プロローグでは、「ビジネストランスレーターは具体的にどんなことをするのか」に進みます。実はこれ、一言で済みます。

　「正しく５Ｄフレームワークを進める」

　これが、ビジネストランスレーターが担う業務です。５Ｄフレームワークとは、データ分析プロジェクトのステップを示す５つの「Ｄ」からなります。それは、次の５つです。

①Demand：問題や要求を明確化する
②Design　：問題から仮説を立て正しく分析課題に落とし込む
③Data　　：課題解決に必要なデータを正しく準備する
④Develop：同じく課題解決に必要な分析を適切に行う
⑤Deploy　：分析結果をビジネス活用へとつなげて展開する

　また、各ステップでつまずきやすい「ポイント」をまとめ、そうした「ポイント」を乗り越えるための考え方も整理しています。

失敗から生まれたフレームワーク

　データ分析プロジェクト全体を見渡し、その進捗やボトルネックを考えるとき、あるいは失敗してしまったプロジェクトを振り返るとき、５Ｄフレームワークで示している「ポイント」が役立ちます。もし今みなさんが、「データ分析をいろいろとやっているものの、どうもうまくい

かない」「分析結果に納得してもらえない、使ってもらえない」と感じているなら、5つのステップのどこかが適切に行われていないか、実行する順番を間違えている可能性があります。

　実は5Dフレームワークの考え方は、これまで経験してきたたくさんの失敗から生まれています。筆者たちは、データ分析者として、あるいは外部の専門家に依頼する担当者として、多くのデータ分析プロジェクトを見てきました。その経験から言えることは、プロジェクトが当初の想定通りに完了することは極めて少ない、ということです。だいたい何かしらの問題があり、参加者も違和感を抱きながら進めた結果、やっぱり成果につながらなかった、といったことはざらにあります。

　筆者たちは何度もそのような現場を目にする中で、「データが不十分だった」とか、「要望と違うものが納品されてきた」など、だいたい同じような反省をしていることに気づきました。つまり、皆がつまずくポイントは、ほぼほぼ同じだったのです。

　また、各担当者が一生懸命やっていたにもかかわらず、どういうわけか最終的に成果が出ない、関係者に納得してもらえない、という案件も多数あります。それは多くの場合、本来あるべき順番でプロジェクトを進めていないためでした。できること、やりたいことから始めてしまう、後の工程のことを考えず、自分の工程だけを最適化してしまっているのです。逆に言えば、こうした各分析ステップを適切に順番通り行えば、データ分析プロジェクトの大きな失敗を防ぐことができるのです。

　こうした経験を基に策定したのが「5Dフレームワーク」です。5Dフレームワークについては、筆者たちの前著『データ分析人材になる。』にも詳しく説明しています。もし前著をお読みになった方はプロローグを読み飛ばしてくださっても構いませんが、復習の意味で改めてお読みい

ただけると理解が深まると思います。もちろん、本書で初めて5Dフレームワークに触れる方を想定して書いていますので、初めての方は安心して読み進めてください。

「料理でのおもてなし」との共通項

　ざっくりと5Dフレームワークを理解していただくために、分析プロジェクトを「料理でのおもてなし」に例えて説明します。料理で相手をもてなすにはいくつかの工程を経ることになります。

　まず、そもそもどんな料理をどのくらい食べたいのか相手に確認します。嫌いなもの、好きなもの、今どういったものが食べたい気分であるのか希望を聞き出します。相手の要望を聞いた後、冷蔵庫の中にあるものを確認し、食べる時間を想定し、そこから逆算しながら献立を考えます。それから「これくらいのものなら30分くらいでできそう」などと伝えて、問題ないか確認を取るわけです。話した結果、希望通りのものを作るのが難しそうな場合は、自分で作らず出前を頼んだり、出来上がったものを買ってきたりすることもあります。

　次に、家にある食材を集めます。冷蔵庫から、台所の棚から、あるいは倉庫から。持ってきたらすぐ料理ができるわけではありませんから、封を開けたり、洗ったり、切ったり、下ごしらえをする必要があります。それら食材が用意できて初めて、焼く、煮る、蒸すといった調理に取りかかれるわけです。調理も一つのことだけやるわけでなく、同時並行で複数のことをこなしていきます。最後に、出来上がった料理を盛り付け、配膳し、相手に食べてもらうことになります。よりおいしく味わってもらうには、出す順番や、食器、テーブルの雰囲気にも気を使います。

　料理でのおもてなしについて長々と書きましたが、実はデータ分析もおおよそこれと同じような手順を踏んでいるのです。

要望を聞く→献立を考える→食材を用意する→調理する→配膳する

　データ分析というと、どうしても分析作業そのもの（料理でいえば「調理」の部分）がフォーカスされがちですが、目の前にある食材を手にして何も考えず調理を始める人がいないのと同じで、データ分析も分析の前後に様々な工程があるのです。

5Dフレームワークの概要

では、「5Dフレームワーク」について、5つのステップを順番に紹介します（**図表0-6**）。

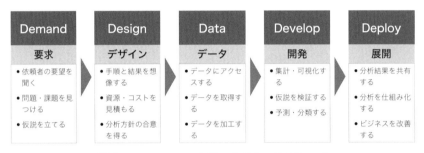

図表0-6　5Dフレームワークの5つのステップ

5Dフレームワーク① Demand

1つ目は、「Demand」（要求）のステップです。データ分析を行うに当たって、最も重要なステップとも言えます。通常、データ分析プロジェクトが始まる場合、大なり小なり何らかの問題や課題があり、それらを解決したいという要望があるはずです。そうした「要望」を明らかにするステップです。

データ分析者は依頼者の要望を聞き出し、正しく理解する必要があります。依頼者の要望がよく分からないまま分析プロジェクトがスタートすると、ほとんどの場合、依頼者の成果につながる分析はできません。また、「データ分析」自体が目的になっているケースも多く見られます。経験や学習のために行うのであればよいですが、そうでなければ時間やコストの無駄になってしまいます。

Demandステップに問題があった事例

　代表的な例を一つ紹介します。筆者の一人が外部アドバイザーとして関わった、とある企業のプロジェクトの例です。舞台となるのは、アンケートデータやコールセンターの会話データなど、お客様から寄せられる意見や苦情を収集し、社内に共有している部門です。その部門では、収集したデータを適切に集計、分析、共有することで、商品やウェブサイト、アプリなどの改善に取り組んでいます。

　ある時、その部門が「AI活用プロジェクト」を行っているという知らせが入ります。データ分析やAIを専門とする企業から提案を受けて、実験的に分析を行うというのです。それ自体は良いのですが、肝心の「何を分析するか」が決まっていないのです。データ分析によって何を解決したいのかを聞いてみると、「今保有しているお客様関連の大量のデータを使って何か分析できないか」「AIを活用して新しいことに挑戦していると見せたい」「分析結果を使ってあわよくば売り上げアップに貢献したい」とこんな回答が返ってきました。データ分析企業は既に決まっていて、どうやら経営層と縁のある企業らしく、他社に変更する余地がないようでした。

　データ分析やAIを触った人なら分かると思いますが、「手元にあるデータで何かできないか」とか、「何か新しいことに挑戦したい」といった目的だけで始まったプロジェクトは、まずうまくいくことはありません。そのようなプロジェクトは、データ分析で何かを解決するというよりは、「データ分析で何ができるかを知るためのデータ分析」にしかなりません。この例では、何を実証するのか決まってもいない実験に既に少なくない費用が支払われていました。

　コールセンターなどが保有するデータを一通りデータ分析企業に渡し、ここから何か出ないかと分析を依頼。返ってきた回答は「提供され

たデータのサンプルサイズが小さい」「テキスト文はあってもお客様に関する属性情報が不足している」「正しいデータを集めてためるところから始めましょう」など、散々な内容でした。その後になって、「どうしたらよいか」と相談をいただいても、できることはほとんどありませんでした。

Demandステップ事例の教訓

　この事例の一番の問題は、データ分析の目的や要求（Demand）が定まっていないことでした。より厳密に言えば、関係者それぞれに要求はあったものの、合意されておらず、統一された目標になっていなかったのです。上層部は「自社でAIを使って分析したという成果が欲しい」、現場は「上からの指示には応えつつ、保有しているデータの価値を示し、部署のプレゼンスを高めたい」、データ分析企業は「自社のAI分析メンバーの優秀性を示して、次の案件受注につなげたい」と考えており、いずれも本質的なビジネス課題そのものではありません。その結果、「とりあえず外部企業にデータを渡してAI分析の実証実験をする」ということになってしまったのです。

5Dフレームワーク②　Design

　2つ目のステップは「Design」（デザイン）です。データ分析依頼者の要求、今あるデータ、データ分析リソース、予算、スケジュールなど、あらゆるものを考慮して全体を「デザイン」し、それらを見積もって関係者一同で合意するステップです。

Designステップに問題があった事例

　過去に、小売店のお客様のデータ分析をお手伝いすることがありました。先方の課題は、お客様のカード会員向けにプロモーションを強化するなどして売り上げを増やしたい、そのために特定の商品カテゴリーを

よく購入する人を見つけ出してほしいということでした。自社では基本的な集計を行う以外、特に分析らしいことはしておらず、筆者たちに声がかかったのでした。なお、プロジェクトには我々だけでなく、別の分析コンサルタント会社も入っていました。

お客様の要望は明確だったものの、その後の工程でいくつもの混乱がありました。「とにかくデータを見てみよう」ということで膨大なお客様データを受領したものの、お客様の属性データや契約データ、各種マスターデータを理解し、加工するだけでも長い時間がかかっていました。

一方で、プロジェクトを仕切る立場である分析コンサルタント会社は、作業者が退職などで入れ替わり、担当が変わるたびに一から説明や議論が必要になりました。データ分析も担当しますが、分析とは何かも知らない初級のコンサルタントがやってくることもありました。

分析コンサルタント会社が提示する"分析のゴール"も二転三転しました。「顧客・契約データを一覧できるダッシュボードが必要だ」と言っていたかと思うと、「すぐにでもDMを送れるアタックリストが必要だ」とか、「優良顧客の傾向だけ見られればよい」とか……。小売店の現場担当者との打ち合わせの中で出てきた意見であればまだ納得できますが、コンサルタントの勝手な判断としか思えないようなことも多くありました。それに対して小売店の担当者や自社の営業担当者もそれぞれ意見を述べるようになり、全く収拾がつかなくなったのです。

小売店担当者や営業担当者の期待値と、データ分析者である私たちとコンサルタントのリソース、それらが合致する点を早い段階で見いだせなかったために、時間と労力をかけた割には思い描いていたような精度の高い予測モデルを作るには至りませんでした。一方で、モデルを作る過程で、データの全体像をつかむために作成していたダッシュボードや

グラフ類が依頼者の目に留まり、そこで見られた傾向を基にして販促施策をやってみようという話になったのです。そのおかげでぎりぎりのところで分析プロジェクトの中止は免れました。

Designステップ事例の教訓

　先の事例では、プロジェクトを進めるに当たって何が課題なのか、最終的にどのような成果物が必要であるかといったことの合意がすべての関係者の間でできていませんでした。問題（売り上げが伸びない、購入可能性の高い人を見つけたい）は明らかである一方で、どうしたらそれらを解決できるのかが十分に議論されていません。プロジェクトを仕切るコンサルタントの頭の中にはあったかもしれませんが、少なくとも分析担当者には共有されていませんでした。

　その結果として、必要なスキルを持つ分析担当者がアサインされず進まなくなってしまいました。また手元にあるデータを用いて理想の予測モデルが作れそうか、あらかじめ検討されることなく、「モデルを作る」ことが先行していました。データが十分かどうか、加工が必要か、それらを満たすためにはどのくらい時間がかかりそうか、といった検討もなく方針が決められ、先方へ納期の確約がされたために混乱が起きてしまったのです。

　問題を解決する方法は「予測モデルを作成して購入する人を予測すること」と決めつけていましたが、実はざっくりした傾向だけでもプロモーション施策にはプラスになったのでした。分析の難度やかかる時間によって、いくつかの方法を提示していれば余計な時間をかけずに先方の期待に応えられたかもしれません。

5Dフレームワーク③　Data

　3つ目のステップは「Data」（データ）で、分析対象となるデータを集めます。前項で書いたように、データ分析プロジェクト全体をデザインし関係者の合意を得たうえで、本格的なデータの準備作業に取りかかることになります。もちろん、ある程度データのことが分かっていないとデザインもできないことから、実際は「Design」と「Data」のステップを往復することもあります。

　データ分析にデータは必須ですが、データなら何でもよいわけではありません。分析アルゴリズムによってはデータの「量」も必要ですし、鮮度や正確さなどの「質」も重要です。また、データがあっても分析に使えるようになっていなければ存在しないのと同じになります。どうしても分析に必要なのに今手元にデータがない場合、コストと稼働をかけてでも追加で取得する、あるいは収集できる仕組みを作ることも検討します。「今あるデータを活用すること」からデータ分析をスタートしてしまうと、「Demand」の事例で紹介したような「データありきの分析」「データ分析の目的化」になってしまいます。

Dataステップに問題があった事例

　ある事業会社内でデータ分析を依頼された時のことです。社内には数年前から集めるようにしていた営業用のデータベースがありました。ここには営業部門による過去の商談とその結果についての記録が残されており、それをAIによって分析することで、「営業の勝ちパターンを見つけることができるのではないか」という相談でした。

　数千件のデータがあり、人の目で一件一件見ていくことはほぼ不可能。また、入力されているデータの大半は「テキストデータ」であったため、テキスト解析を得意とするデータ分析者が担当することになりました。テキスト以外のデータはというと、その案件やお客様を分類する

ようなカテゴリー情報もあるにはあるものの、あくまで検索用のタグ程度のものでMECE（漏れなく、ダブりなく）にはなっていませんでした。それどころか、肝心の売上金額やかかった期間なども全部テキスト内に書かれてしまっていて、どの案件が「良い案件」なのかすら分かりません。聞いてみると、「受注した案件のみ入力しており、失注した案件は入力しないから、データにあるのはすべて良い案件だ」というのです。

　「負け」が分からなければ「勝ちパターン」を見つけることはできません。また「全部勝ち」にしても、その中の（売り上げなど）優劣がなければ比較のしようがありません。本来あるべきデータの取り方（具体的には、案件を表す情報をテキスト以外の変数として入力することや、テキストも一括入力するのではなく案件ステップに応じたものにすること、失注案件についても入力することなど）を提案しましたが、「今さら書式を変更できない」と却下されてしまいました。このケースでは結局、一般的な自然言語解析を行い、よく使われる表現や単語などを抽出・集計・可視化するだけにとどまりました。

Dataステップ事例の教訓

　この事例では、データ量はそれなりにあり（数千件）、その中には案件の初期課題や、それを解決するために奮闘する営業の具体活動内容、最終的なお客様の感謝の言葉、売り上げや成果に関する情報など、分析に必要な様々な情報が含まれていました。しかし、そのデータは活用できる状態ではありませんでした。一件一件人が読み込んでいけば、ひょっとしたら何かヒントのようなものは見つかるかもしれませんが、それでは「ではどうしたら、次回も成約につなげられるのか」という答えにはすぐにはつながりません。

　本事例のデータは、データ分析を想定して設計・収集されたものではありませんでした。このようなデータを後から分析して第三者が活用す

るのは難しいのです。ビジネスに有用な「データ分析」の多くは、簡単に言えば「あるデータと別のデータを比較して違いを見つけ出すこと」です。「勝ちパターン」を見つけたいのであれば、「勝ち」のデータだけでなく「負け」のデータと見比べて、傾向や法則性を見つける必要があります。データを収集するのであれば、分析することを想定して設計する必要があります。もし分析に適切なデータの取り方でなかった場合は、途中からでも改善する必要があります。

5Dフレームワーク④ Develop

4つ目は「Develop」（開発）で、いわゆる「データ分析」を実際に行います。ひとくちに「データ分析」といっても手法は様々です。要望から導かれた課題によって、また手元のデータの種類や量、最終的な活用手段によっても使い分ける必要があります。自分でデータ分析をする場合はもちろん、分析担当者や外部の企業に依頼する場合でも、基本的な統計の手法については理解しておいた方がよいでしょう。

近年は各種ソフトウエアなどを利用し、簡単な操作だけでデータ分析を行えるようになっています。必ずしも一からプログラミングを覚えて、すべてを独力で行う必要はほとんどなくなりました。分析がより身近になった一方で、それらソフトウエアの機能や操作を覚えたり、各製品の特徴を大まかに理解したりしておく必要はあります。また、分析の目的や状況にかかわらず、自分が知っている分析手法にこだわってそれだけを実行してしまうのも問題です。習得したスキルをつい使ってみたくなる気持ちは分かりますが、注意が必要です。

Developステップに問題があった事例

分析手法（アルゴリズム）とデータ、分析の目的がマッチしなかった事例を一つ紹介します。

　ある事業会社内で広告効果を測定するデータ分析プロジェクトがありました。これまでもいろいろな手法は試しており、例えば広告出稿期間とそれ以外の期間の比較、出稿地域とそれ以外の地域の比較、あるいは調査パネルを用いた認知度調査結果の参照などをしていました。過去には、大規模に予測・検証システムを開発しようとした結果、費用だけがかさみ満足なツールができなかったという苦い経験もしています。それでもなお広告担当者には、広告の効果を正しく定量的に算出し、最も効果が出るよう予測・シミュレーションを行えるようにしたい、というニーズが強くありました。

　社内のデータ分析者に協力を依頼したところ、Pythonでプログラミングしてモデルを作成するという回答でした。思った以上に短期間で完成したので説明を聞いてみると、海外の成功事例をほぼそのまま流用し、多少アレンジをしてきたものでした。過去の例を参考にするのは良いのですが、ごく少数の変数しか用いない単純なモデルとなっており、どうにも自社の状況に合いません。それでも「これが海外で評価された最高の予測モデルだ」といって耳を貸さないのです。

　例えばウェブ広告のように、広告閲覧者とサイト訪問者、購入者が一つのIDで追跡できるのであればよいのですが、その事業会社は、TVや新聞、ダイレクトメールなど、オフライン媒体での施策展開に強みを持つ会社でした。今回Pythonで作られたモデルは、前者のウェブ媒体のお客様接点のみを想定したものでした。データや条件がそろっていれば最高のモデルかもしれませんが、この事業会社に適したモデルであるとは言えません。

　また、予測や検証をするためのモデルは作られたものの、現場がこれを使って自分で計測、報告、シミュレーションすることまで想定していませんでした。そのため、「別の商品について調べたくなったらどうす

るのか？」「交通広告など新しく始めたらどうなるのか？」「効果が高い
ことをグラフで示したいときは？」といった問いに対応することができ
ず、一度報告会が開催された後は使われなくなってしまいました。結局、
オフラインとオンラインにまたがった広告効果測定の方法を、一から探
し直すことになってしまったのです。

Develop ステップ事例の教訓

　データ分析のアルゴリズムは数えきれないほど存在し、常に新しいも
のが登場しています。新しいものほど過去にはできなかった予測や分析
ができるようになっており、Python のライブラリやデータ分析ソフト
ウエアのメニューに新しいアルゴリズムがあるとデータ分析者としては
使ってみたくなりますが、依頼者の課題解決に合っているのか、対象の
データに合っているのかを見極めて使わないといけません。

　この事例では、アルゴリズムとしては優秀で実績もあるものでしたが、
アルゴリズムが想定されている状況やデータとは必ずしも合っていませ
んでした。予測の精度としては高いと思われるものの、使われている変
数は偏っていて、現場の納得感が得られていませんでした。また、現場
が自分で計測、報告、シミュレーションができるようにという要望に対
しては全く応えられていません。

　アルゴリズムの先進性を求めるよりも、まずは要望されている分析が
可能かどうかを検証し、このまま進めていけば課題が解決するかどうか
を確認するべきでした。そのためには基本的な分析手法（例えば昔から
使われている相関分析や回帰分析など）を用いてシンプルに構築し、後
から精度を高めていく方法を模索してもよかったのではないかと思いま
す。

5Dフレームワーク⑤　Deploy

　最後のステップは「Deploy」（展開）です。ここまでのステップで依頼者・関係者にヒアリングし、データを集め、データ分析アルゴリズムなどを用いて分析してきました。その分析によって得られた知見や予測値などを、依頼者側に渡すことになります。単に納品物を渡すだけではありません。内容をよく理解してもらい、得られた知見を基に新しい行動を起こしてもらう必要があります。その行動の結果として、「Demand」のステップで出てきた課題を解決すること、そして最終的には依頼者を悩ませる問題が解消することがゴールになります。「Demand」から始まったデータ分析フレームワークのフローは、ぐるっと一周して、また「Demand」に戻ってくるのです。

　ただ、分析結果が依頼者に理解されない、理解しても納得されない、行動に移されないケースがあります。そうなると、ここまでどれだけ一生懸命分析を進めてきたとしても、すべては無駄になってしまいます。そうした場合、再度課題を整理してもう一周5Dフレームワークを回すこともあります。

Deployステップに問題があった事例

　筆者たちは以前、あるホームセンターを運営する会社の依頼でデータ分析をお手伝いさせていただきました。地域の中でも比較的規模が大きく、複数の店舗を運営している会社でしたが、社内にデータ分析を専門とする人材はおらず、お客様データ、販売データ、商品在庫データなどの分析はあまり実施されていませんでした。

　筆者たちが受けた依頼は、これらのデータを抽出・整理・加工したのち、各販売の現場でデータが積極的に利活用されるようにすることでした。販売店としては商品の販売を拡大したいのはもちろんですが、同時にリフォームなどのサービス販売も拡大したい、サービス利用者の傾向

把握と、サービスの販売数予測も行いたい、とのことでした。そこで、販売店が保有するデータを数年分受領し、現状が一覧できるようなダッシュボードの作成と、販売予測ができるようなアルゴリズムの開発を始めました。

　BIソフトウエアを使い、お客様や住宅のデータをグラフや地域マップで可視化しました。時系列の変化を追える他、任意の箇所をクリックすればさらに深掘りもできるようにしたり、販売店にとって良い（LTVの高い）お客様を見つけたり、リフォームの需要がありそうなお客様を抽出したりできるようにしました。また、今後のサービスの販売量を予測することもできました。

　そうした分析・可視化の作業を数カ月間かけて実施していた間は、自社の営業担当者がお客様に状況を説明していましたが、データ分析者が説明する機会はありませんでした。作業自体は順調で、納品物を作り上げるところまではいきましたが、最後の最後、納品のタイミングになって問題が出てきました。当初は、営業担当者がお客様に納品物を説明する予定でしたが、データが膨大で、結果を見るには専用ツールが必要なので、営業担当者のPC環境では結果を確認することができないと分かりました。納入期限が近くなり、とにかく納品だけはしようと営業担当者はファイルを先方に送りますが、お客様側にも必要な環境がなく、結果を参照することもままなりません。

　データ分析者は自分のPCを持ってお客様のオフィスで分析結果を示し、得られた知見を説明します。しかし、本来であれば全員が手元でデータ分析結果を見ながら議論し、内容をブラッシュアップしていきたいところでした。依頼者であるお客様は自分のPC環境で同じものを見ることができず、そうしたブラッシュアップをすることができなかったのです。

お客様側で必要な環境をそろえればよいのですが、「データ分析結果を見るためだけにソフトウエアを用意することはできない」との回答。結果をお渡しするだけとなると「結果は理解できるが現場の認識とは違う」「私は理解できるが、この表現だと現場に伝わらない」との評価となりました。自社の営業担当者も内容を十分に理解できていないため援護射撃もしてもらえませんでした。

Deployステップ事例の教訓

この事例は、5Dフレームワークの「Develop」ステップまでは完了していました。少なくともデータ分析者のPC環境では、依頼者の期待するような内容になっていたのではないかと思います。それでも「Deploy」に失敗したことで結果は採用されず、依頼者の課題を解決することはできませんでした。

データ分析結果を正しく説明し、納品し、活用してもらう必要がありましたが、データ分析者以外は結果を触ることができず、内容を自分ごととして理解してもらうことができなかったので、十分な評価にも至りませんでした。そうなると当然、結果を活用して課題を解決してもらうこともできません。

また今回のケースでは、「分析結果をダッシュボードとして納品する」ということを目的としていたため、「ダッシュボードありき」になって説明資料が不十分だったこともあります。良さが十分に伝わらず、障害を乗り越えてでも使ってみよう、ということになりませんでした。

データ分析の結果をどのように依頼者に提示し、説明し、納品するか。その納品物が先方社内でも広く使ってもらえるかどうかという観点は重要です。また、分析を最後まで進めた後に依頼者や関係者に披露するのではなく、要所で確認しながら分析を進めるべきでした。これは

「Deploy」と同時に「Design」のステップが不十分だった結果とも言える
かもしれません。

ループする5Dフレームワーク

　ここまで紹介してきた「5Dフレームワーク」の各ステップは、それぞ
れ独立したものではなく、1番目の「Demand」から5番目の「Deploy」
まで連続しています。どこかのステップでつまずくことがあれば、先の
ステップには進めません。例えば「Data」のステップにおいて、データ
を集めるのに時間がかかり、抜け漏れなど品質の低いデータしかないこ
ともあるでしょう。あるいは「Develop」のステップにおいて、満足の
いく精度の予測モデルにならないことや、事前の仮説とは異なる結果が
出てくることもあるでしょう。

　そうした場合、プロジェクトを続行しても、依頼者が納得するような
結果は得られないでしょう。いったん「Design」のステップに戻って、
全体をデザインし直す必要があります。そして必ず、依頼者や関係者の
合意を取らなければなりません。結果として何度も「Design」のステッ
プを経ることになります。

　無事に分析結果を「Deploy」、すなわちビジネスに展開をしても、必
ずまた新たな問題や課題が生まれてくるはずです。「Demand」ステッ
プでそれらを再度確認し、また新たな5Dフレームワークの分析フロー
をデザインしていくことになります。「5Dフレームワーク」の5つのス
テップをループし続けることで、さらに高いビジネス成果を上げていく
ことになるのです（**図表0-7**）。

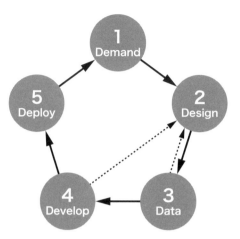

図表0-7　5Dフレームワークはループし続ける

5Dフレームワークを進めるための課題

　ここまで紹介した5Dフレームワークの5つのステップは当たり前のようでありながら、データ分析プロジェクトの現場ではあまりきちんと実行できていない実態があります。例えば、「自分は現場のニーズを十分把握している」と豪語するデータ分析者ほど「Demand」を全く把握できておらず、「自分は現場の人を巻き込むのが得意だ」と誇るビジネス現場の人ほど「Deploy」が機能しないものです。

　実際、前著『データ分析人材になる。』を読んでくださった何人かの方から、「5Dフレームワークを試しているが思うようにいかない」と相談を受けたことがあります。その中で一番多かった相談は、「5Dフレームワークに沿ってビジネス現場に対して分析提案をしたけれど全く響かなかった」「説明は聞いてくれたけれど実際の施策にまでつながらなかった」というケースです。

5Dフレームワークがうまくいかない3つのケース

　相談者の話をよく聞いてみると、その原因は大きく3つのケースに分けることができます。

ケース1

　1つ目は、「そもそも分析プロジェクトに、必要な関係者（ステークホルダー）を正しく巻き込めていないケース」です。

　「Demand」は5Dフレームワークにおける最初のDとなりますが、その設定にそもそも至ることができていないのです。「Demand」はデータ

分析担当者が勝手に考えて設定しても意味がありません。あらかじめ合意をしてもいない取り組みに対して、ステークホルダーが前向きになることはまずありません。まずは、ステークホルダー全員を分析プロジェクトに巻き込み、そのうえで全ステークホルダー共通の認識として「Demand」を設定することが、分析プロジェクトにおいて最初の、そして一番難しい課題となります。

　あらかじめ各関係者が分析プロジェクトを進めることに同意し、協力的であれば全く問題はありません。しかし、そのような環境が用意されていることは非常にまれです。場合によっては、そもそも「データ分析」自体に強い不信があり、協力どころか一切関心すら持ってもらえない、ということもよくあります。共通の「Demand」を設定できていないまま、手探りで分析プロジェクトを始めてしまうと、ステークホルダーの支援が得られず、5Dフレームワークを進めていくうちのどこかで必ず詰まってしまいます。

ケース2

　2つ目は、「背景環境を正しく理解できておらず、実効性のない分析提案をしてしまっているケース」です。

　課題解決のためにはどういう打ち手が必要で、事業判断のためにどういう分析結果があればよいか、正しく理解できていないまま「Design」を定めてしまうことで生じる失敗です。業界動向、競合関係、利益構造、顧客構造、お客様が求める価値、法規制、取引先との関係性など、分析結果がビジネスに活用されるためには様々な条件や制約を乗り越えなければなりません。データ分析者は分析結果を出して終わりですが、ビジネス現場は具体の施策実行に落とし込む必要があり、そのためにはそれら各種制約をすべてクリアしなければ実施できないのです。それができなければ、分析提案をしても「使われずに終わる」こととなります。

そして、このような制約はビジネス現場の担当者にとってはごく当たり前のことである一方、データ分析担当者にとっては決して既知の知識ではなく、両者の間のギャップが失敗へとつながります。もちろんデータ分析担当者が、ビジネス現場の担当者と完全に同等の感覚を身に付けることはまず無理ですが、最低限必要な情報を収集し、少しでもビジネスを理解したうえで分析詳細を決めることができれば、このギャップによる失敗を最小化することができます。

ケース3

3つ目は、「データ分析結果が正しいかどうか理解できず、間違っていても気づかず進めてしまうケース」です。

データ分析者は、自分が出した分析結果に必ずしも絶対の自信を持っているわけではありません。そのため、ビジネス担当者側に分析内容や結果について要所要所で確認を求めます。しかし、分析に使うデータ（Data）や分析手法（Develop）は専門性が高いため、ビジネス担当者は必ずしも理解が追い付かず、分析結果の解釈がビジネスの観点で本当に正しいかどうか判断できません。そのような場合、本当はおかしな分析結果であっても気づかず、「多少の違和感はあるが、分析のスペシャリストが出した結果なのだから恐らく間違いはないだろう」と信用してしまうことがあります。

一方、データ分析者側は、ビジネス担当者が確認して特に指摘もないのだから大丈夫だろうと判断し、そのまま分析を進めていくことになります。お互いが相手を過信し、結果として誤った方向に向かってしまうのです。

ビジネストランスレーターの4つのスキル

　本書で提案しているビジネストランスレーターがきちんと役割を果たせば、5Dフレームワークを正しく進めることができます。前節で示したような3つのケースに陥ることなく、データ分析プロジェクトを成功へと導けるのです。

　では、どうすればビジネストランスレーターの役割を果たせるようになるのでしょうか。それが本書のテーマです。先に結論を言えば、ビジネストランスレーターの役割を果たすには、次に示す4つの力（＝スキルセット）を身に付ける必要があります（**図表0-8**）。

- 「ビジネススキーマ活用力」（第1章で解説）
- 「プロジェクト遂行力」（第2章で解説）
- 「ビジネス背景理解力」（第3章で解説）
- 「データ解釈基礎力」（第4章で解説）

　5Dフレームワークとビジネストランスレーターのスキルセットの関係を図で示すと**図表0-9**のようになります。これらのビジネストランスレータースキルについて各章でそれぞれ説明します（**図表0-10**）。

　第1章では、「勘どころを捉えるのがうまいビジネスパーソン」が感覚的に実施しているコミュニケーションを、ビジネススキーマという概念を用いて体系的に説明します。各業務環境に存在している形式知と暗黙知を正しく理解し、理解したスキーマを基にコミュニケーション方法を設計することで、分析プロジェクトに各ステークホルダーをうまく巻き込んでいく流れをつくります。

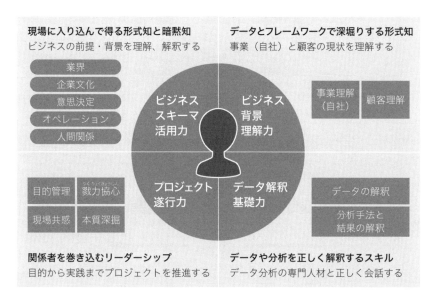

現場に入り込んで得る形式知と暗黙知
ビジネスの前提・背景を理解、解釈する

データとフレームワークで深堀りする形式知
事業（自社）と顧客の現状を理解する

業界
企業文化
意思決定
オペレーション
人間関係

ビジネス
スキーマ
活用力

ビジネス
背景
理解力

事業理解
（自社）　顧客理解

目的管理　戮力協心
現場共感　本質深掘

プロジェクト
遂行力

データ解釈
基礎力

データの解釈
分析手法と
結果の解釈

関係者を巻き込むリーダーシップ
目的から実践までプロジェクトを推進する

データや分析を正しく解釈するスキル
データ分析の専門人材と正しく会話する

図表0-8　ビジネストランスレーターのスキルセット

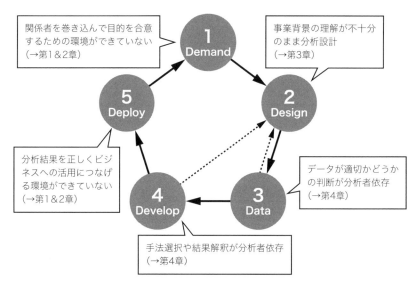

関係者を巻き込んで目的を合意
するための環境ができていない
（→第1&2章）

事業背景の理解が不十分
のまま分析設計
（→第3章）

1
Demand

5
Deploy

2
Design

4
Develop

3
Data

分析結果を正しくビジ
ネスへの活用につなげ
る環境ができていない
（→第1&2章）

データが適切かどうか
の判断が分析者依存
（→第4章）

手法選択や結果解釈が分析者依存
（→第4章）

図表0-9　5Dフレームワークを進める際に直面する課題

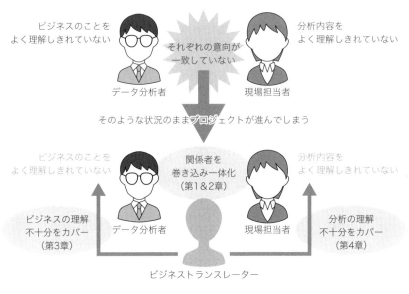

図表0-10　ビジネストランスレータースキルで乗り越える課題

　第2章では、スタートした分析プロジェクトを最終的な施策実行までつなげていくための「プロジェクト遂行力」について説明します。分析プロジェクトは様々な部署と共に進めることになるため、各関係者を取りまとめるプロジェクトリーダーとしての役割が必要です。分析を正しく実践につなげるために必要となるポイントを4つの観点で紹介します。

　第3章では、分析の背景環境を正しく理解し、意義ある提案へとつなげていくために必要な「ビジネス背景理解力」について説明します。事業や顧客を理解するためのマーケティング・分析の手法はたくさんありますが、多くの書籍はその手順を紹介するのみで、分析プロジェクトの背景理解としてどのような位置づけでどの手法を使うのが有用か、という観点で書かれた書籍はあまり多くありません。本書では、事業背景理解の観点で特に有用なメソッドを抜粋し、課題解決のためにそれら手法をどう役立てるのか、目的志向で分かりやすく解説します。

第4章では、分析に必ずしも詳しくないビジネストランスレーターが、正しく分析内容や分析結果を解釈し、専門人材と適切な議論を行うことができるようになるための知識や考え方を説明します。ビジネストランスレーターは専門人材並みの知識やノウハウを身に付ける必要はありませんが、正しく分析プロジェクトを進めるにはデータ分析の専門人材と共に議論できる最低限の専門知識は必要です。これを「データ解釈基礎力」と呼ぶことにします。

　最後の第5章では、スキルそのものの説明ではなく、業務上の壁にぶつかったことをきっかけに、ビジネストランスレーターとしてのスキルの必要性を感じ、そこから実際にビジネストランスレーターとなった2人の事例を紹介します。1人はデータ分析者から、1人は営業担当者からビジネストランスレーターとなった事例です。

第 1 章

ビジネストランスレータースキル１
「ビジネススキーマ活用力」

1-1 ビジネススキーマという考え方

1-1-1 スキーマ＆スクリプト

突然ですが、以下の文章を読んで何を思い浮かべますか？

> その作業はあまり好かれていないことが多いが、多くの人が毎日行う。人によっては週末だけかもしれない。
>
> あらかじめ準備が必要。まず接続が必要で、あることをしなければ何も起こらない、うるさい音が出る。
>
> 時々装置を開き中身を廃棄する必要がある。基本的には屋内で行われ、昼間帯に行うことが多い。
>
> 最近では、人が同行しなくてもいい場合もある。

「何だかよく分からないな」と思った方、安心してください、それが普通の感覚です。

実はこれ、「掃除機を用いた清掃」について説明した文章です。それを知って文章を読むと、ごくごく普通のことを言っていることが分かりますが、何の説明をしているかを知らないまま文章を読むと、「何だかよく分からないな」となるのです。

認知心理学では、もともと持っていた知識によって構成される構造化されたモデルのことを「スキーマ（Schema）」と呼びます。この例では「掃除機を用いた清掃」というスキーマがあり、そのことを理解しているかどうかで、一つひとつの文章の意味を正しく理解できるかどうかが

大きく変わります。人は、スキーマを理解することによって、次に何が起きるかを推測したり、得た情報が自分たちにも関係するかどうか判断したり、発生した事象の行間を読んだりすることができます。例えば、停電の情報を聞いたとき、「掃除機を用いた清掃」というスキーマを理解していれば「このままでは掃除ができなくなる」と推測し、代わりにホウキを用意するという判断や、今清掃をしても仕方がないという判断ができるかもしれません。

　ビジネスにおいても同様です。ビジネス現場をよく知らないデータ分析担当者は、その施策や取り組みが何を目的として実施されているのか、業務全体の中でどのような位置づけにあるのか、理解しているわけではありません。一方、ビジネス現場の担当者にとっては、それらは至極当たり前の前提です。人は「至極当たり前」のことはわざわざ話さないので、データ分析者は、先ほどの「掃除機を用いた清掃」についての文章をその前提を知らずに聞いたような状況で、ビジネス担当者の話を聞くことになります。大きな乖離が生じたまま課題解決について議論をすれば、話がかみ合うわけがありません。高度なデータ分析のノウハウがあったとしても、そもそもの前提や背景が乖離しているのですから、出した分析結果がまるで役に立たなくても当然です。

　本書では、ビジネスにおいて各業界・各職場に存在している構造化されたこのような考え方を、認知心理学のスキーマにならって「ビジネススキーマ」と呼ぶことにします。

　例えば、「コンビニエンスストアでの仕事」と言われたとき、コンビニによく通っている人であれば、店員さんがレジで働いていたり品出しをしていたり、また店内の清掃作業をしたりするイメージが具体的に想像できると思います。同様に「駅員さんの仕事」と言われたら、毎日通勤で電車を使っている人であれば、駅構内でマイクを持ちながら次の列

車の到着時刻を案内したり、黄色い線の内側を歩くようお願いをしたり、または改札の窓口で精算をしたりするイメージが湧くかもしれません。

ビジネススキーマには「スクリプト」「変数」という概念があります。前述したような、コンビニエンスストアの店員さんの「品出しをする」「レジ対応をする」「店内の清掃作業をする」という行動や、駅員さんの「次の列車の到着時刻を案内する」「改札の窓口で精算をする」「黄色い線の内側を歩くようお願いをする」という行動を「スクリプト」と呼びます。

さらに「レジ対応をする」というスクリプトに対して、「早朝」「昼間」のような時間帯や、「学生に」「お酒を飲んだ中年男性に」などの対象となるもの、また「自動釣り銭機で」などの方法を示すものを「変数」と呼びます。私たちが日常的に利用しているものやサービスであれば、スキーマのスクリプトや変数を容易にイメージできます。

私たちの頭の中にはこれまでの経験で培ってきたスキーマがいくつもあり、それらを必要に応じて組み合わせながら物事を推論して足りないパーツを補っているため、初めて行った旅先でも支障なく移動したり食事をしたりできるのです。

1-1-2　スキーマを理解する必要性

普段我々は日常生活においてスキーマを意識することはほとんどありませんが、意識しなくても実に多くのことをしています。例えば自動車を運転するとき、自動車のキーを手に取り、「開ける」ボタンをドアの近くで押し、ドアを開けて運転席に座り、ブレーキをかけながらエンジン始動ボタンを押し、ハンドルを適切な位置で握り、アクセルペダルを踏む、という一連の動作がありますが、自動車教習所で運転方法を学ん

だ時以外、何も考えずともすべて自然に体が動いているはずです。

　実はビジネスの世界においても、業界や企業、部署ごと、もっと小さい組織単位にこのスキーマがあり、人々はその認知の流れに従って思考し、意思決定をしています。例えば、ある会社X社の営業部では、出社したらまず自分の机を掃除することが当たり前なのだそうです。また、他部署に決裁をあげる前には、ベテランのYさんに事前に確認してもらうことを、みんなが実施しています。これらは両方とも「X社営業部のスキーマ」です。

　転職や部署異動などをしてこれまでと全く違う環境下に置かれたとき、最初のうちは仕事の進め方が分からず戸惑う経験をされた方も多いと思います。でも、数カ月もすればルーティン作業はいつの間にか意識せずともできるようになっているはずです。このとき業務マニュアルやOJTを通じて仕事の進め方を学ぶのと同時に、マニュアルなどで明文化されていないような部署独自のルールや人と人の間合い、関係性、空気感などのいわゆる「暗黙知」も理解するはずです。

　同僚に対して間違いをストレートに言う文化の組織もあれば、極力オブラートに包んだような物言いが一般化し、上司には反対意見は言わない雰囲気の組織もあるでしょう。このような、マニュアルには記載されないけれども組織の意思決定に重要な暗黙知もビジネススキーマの一つです。

　本章で定義したい「ビジネススキーマ活用力」とは、言い換えると、「組織においてビジネスを進めるうえで必要な、知識または概念として形式知と暗黙知を理解し活用する力」のことです。

　世の中には「人の機微が分かる人」「問題の勘どころを捉えるのがうま

い人」がいます。そういう人は、ビジネススキーマ活用力の高い人なのです。そのような人は、これまで述べてきたような、スクリプトや変数・業務マニュアルなどの形式知、該当組織に存在する組織風土・人間関係・明文化されていないルールなどの暗黙知、これら双方を正しく理解し、問題の本質を見抜く力を持っているのです。

　では、データ分析プロジェクトを進めるうえで、なぜビジネススキーマ活用力を身に付ける必要があるのでしょうか。5Dフレームワークの一つであるDemandを正しく設定するには、まずそもそもとして関係者からプロジェクトへの参加や協力を得ることが第一に必要となります。必要な関係者を巻き込むことなく、自分たちだけで勝手に設定したDemandは正しいDemandにならないのです。そして、関係者を本当の意味で巻き込むには、関係者の感覚を理解し、同じ目線で課題解決の取り組みを考えられるようになる必要があります。だからこそ形式知と暗黙知を正しく理解し活用する力、すなわちビジネススキーマ活用力が必要なのです。

　ここを乗り越えられずにプロジェクトが失敗する事例を多く目の当たりにしてきました。繰り返しますが、まずはビジネス現場サイドにデータ分析の必要性を理解してもらい、きちんと課題を発見・設計し、共通の目標を定めて一緒にプロジェクトに取り組んでいかなければなりません。

　各組織は何かしらの課題を抱えていますが、多くの場合、なんとなく課題があることは分かっていてもそれを適切に言語化できておらず、いきなり「課題はなんですか？」と聞いても明確な回答が返ってくるケースは少ないです。表面的な課題だけでなく、深く聞き出して意見交換をしている中で初めて見えてくる課題もあります。現場に胸襟を開いてもらうべくデータ分析を推進する立場の担当者側から働きかけ、ビジネス

現場の担当者を取り巻く環境や状況を理解し、課題を解決するための同じ意志を持つ仲間として認識してもらう必要があります。

　次節では、ビジネススキーマを理解・活用し、実際にデータ分析プロジェクトを進める環境を構築した事例を紹介します。

1

1-2 ビジネススキーマの活用事例

1-2-1 百貨店のビジネススキーマを理解して
データ分析プロジェクトを成功させた事例

多くのデータ分析プロジェクトは、データをファクトとして既存の意思決定のメカニズムに変更を加えていきます。これまでそこで働いていた人が認知していたスキーマを変更することになるため、きちんと既存スキーマを理解せず進めると、反発を招いたり、話をあまり聞いてもらえなかったりして、効果的に現場を巻き込むことができません。

筆者が百貨店に勤めていた際の具体的な事例を用いて説明します。

百貨店の売り場には様々な種類のスキーマがあります。売り場正社員スキーマ、売り場販売員スキーマ、特設セールエリア業者スキーマなど、複数のスキーマが混在しています。ちなみに読者のみなさんが百貨店を訪問した際に接客をしてくれる販売員の方の多くは、各ブランドから派遣されているスタッフです。正社員は売り場管理を主たる目的として適切な売り場運営を担い、販売員は購入してもらうことを目的として販売活動全般を担います。

売り場正社員スキーマには、販売スタッフ向けの朝礼、正面玄関・フロアでのお客様のお出迎え、笑顔での接客、身だしなみ、エスカレーター前でのご案内、お客様のクレーム対応、レジ対応、包装対応、フロア清掃、閉店対応などのスクリプトが含まれます。また、売り場販売員スキーマのスクリプトには、売り場の朝礼、品出し、万引きの警戒、店内清掃、お客様のお出迎え、フロア接客、お会計・包装、清掃などがあります。

当時まだIT企業から百貨店へと転職したばかり、データ分析者として駆け出しの頃であった筆者は、全く知見の無い婦人服売り場の管理をしながら、現場でデータ分析を駆使して売上最大化を図ることができないかと考えていました。しかし、売り場正社員のビジネススキーマは長年積み重ねられた文化から成り立つもので、そう簡単に変革できるものではありませんでした。ましてや異業種から転職したばかりで百貨店におけるビジネススキーマをまだ十分理解していない状態では、データ分析による改善提案をしたところで到底受け入れてはもらえませんでした。

　考えてみれば当たり前なのですが、ビジネスの営み自体を理解していない分析者が、現場で使われていない訳の分からない専門用語で説明をしたところで、現場を巻き込むどころかまともに相手にもされないわけです。現場の各関係者の立場や状況を正しく理解しなければ、販売現場が抱える本当の課題は見えてこず、また、いかにデータ分析を活用して提案しても、そこから導かれる解決策は現場の実態と乖離したものになってしまう、と考えを改めました。

　そこでまず筆者が取り組んだのは、売り場に複数存在するビジネススキーマをすべて理解することでした。正社員の売り場スタッフはどのようなビジネススキーマを持ち、そのスクリプトと変数は何なのか、同様に売り場の販売員たちのビジネスの営みはどのようなものか、ひたすら観察をしました。あるときは一日エスカレーターの前に立ち、あるときは売り場を一日中歩き回りました。

　また、観察するだけでは細かなスクリプトは理解できないため、各ブランドに入り込み、スタッフとして自分自身をあたかも販売員であるかのごとく所作や振る舞いをまねながら同質化し、頭と体にスクリプトと変数を染み込ませるようにしました。

　そうやってようやく理解できたのが売り場販売員のスキーマです。売り場の朝礼、品出し、店内清掃、お客様のお出迎え、フロア接客、お会計・包装、清掃というスクリプトにはそれぞれ様々な変数があります。そのブランドにとって接客対象となる顧客はどのようなものか、お会計や包装に要する時間はどれくらいかなど、あらゆる変数情報も同時にブランドごとに事細かにメモをし、覚えるようにしました。

　売り場販売員スキーマと売り場正社員スキーマを理解したら、次にそれらスキーマの掛け合わせを行いました。販売員の立場から売り場正社員スキーマを見てみると、売り場で行われている通常のオペレーションの中に様々な課題があることが分かってきたのです。

　例えば、百貨店の会員カードやクレジットカードの獲得は売り場販売員に課せられた目標の一つでしたが、当時は伸び悩んでいました。筆者は、正社員のスキーマと販売員のスキーマの両方を理解することで、それらスキーマの間にギャップがあることに気づきます。

　正社員からすると、クレジットカードの事務手続きは自分たちのスキーマに組み込まれており、事務手続きを習得することは重要で、じっくりと時間をかけて手続きを学ぶのは当然のことでした。一方、入れ替わりの激しい販売員にとってみると、クレジットカードの事務手続きは非常に難解な作業であるうえ、自分たちの本質的なスキーマには組み込まれていないため、幾ばくかのインセンティブはあるものの獲得に対するモチベーションは上がりません。

　次に筆者は、この販売現場におけるスキーマ間のギャップの問題を通して、販売員の信頼を得て、同じ感情を共有する仲間となることを狙いました。正社員にとっては、重要度の高いクレジットカードの事務手続きは自分で学び習得するのが当たり前のことでした。そのため、販売員

から事務手続きに関する質問が寄せられると不機嫌になる正社員もいて、下手に正社員に質問すると「何回言えば覚えるの！」と怒られることもあり、質問しづらい状況となっていました。

そこで筆者は、新人だろうとベテランだろうと事務手続きが分からなければ、自分にはいつ質問してくれても構わない、何回同じことを聞いても構わないと売り場販売員一人ひとりに伝え、まずは販売員にとって心理的安全性のある環境（自分の気持ちや意見を安心して伝えられる環境）をつくる働きかけをしたのです。それは効果てきめんで、手続き上の不安がなくなった販売員は、積極的に購入顧客にカード加入の声掛けをするようになりました。

その結果、筆者が売り場で担当していたブランドでは劇的に獲得枚数が増えました。さらにそれだけではなく、現場の販売員からも徐々に信頼を獲得することができました。ポイントは、いかに販売員たちと自分自身の認識を同質化させるかであり、同質化させることで初めて本質的な問題が見えるようになったのだと言えます。

販売員の方々と信頼関係ができてようやく気軽に話ができるようになりましたが、ここで現場の感覚と乖離したデータ分析ありきの提案をしてしまっては元のもくあみです。筆者は獲得した販売員の信頼を通じて、さらに販売員の深い悩みを聞くようにしました。

悩みを聞くにつれ判明してきたのは、従来のアナログ型売り場管理手法の限界でした。売り場の全体朝礼で正社員から当日の目標予算は指示されるものの、その具体方法については指示がないため、どうすれば達成できるか分からず、何を仕入れ何を中心にMD（商品政策）を行えばよいのか、という本質的な解決に至らないというペインポイント（悩み）がありました。

　販売員にとっては、精神論で達成目標だけを通達されても方法が分からず、ストレスだけがたまるばかりです。正社員スキーマの中には「本日の予算はいくら（WHAT）」という目標値を設計して販売員に通達するというスクリプトはあれど、「どうやって実現するか（HOW）」に関しては正社員のスキーマの中にはなく、そもそも売り方や売れるものの選定は「ブランドの販売員が知恵を絞って考えるべきだ」という考え方がありました。

　しかし、販売に有効な来店客予測や店舗イベントなどの情報は正社員しか持っておらず、正社員から販売員に何かしらの働きかけがあれば、現状より予算達成がしやすくなることは十分に期待できます。販売員は正社員とは立場が全く異なり、正社員はフロアの売上予算が目標に達していなかったとしてもすぐさまペナルティーや雇用がおびやかされる危機になるわけではありませんが、販売員にとって日々の売り上げは死活問題であり一定期間売り上げが立たなければテナントは退店し、雇用契約が切られる危機感もあるのです。予算達成に向けて有用な情報があるのであれば、のどから手が出るほど欲しいはずでした。

　このように、販売員のスキーマを理解することによって、正社員のスキーマ中心で設計された現状のオペレーションにおいて何が足りていないのかが分かるようになってきました。点と点がつながり線になることで初めてギャップが見えてきたのです。これらのギャップを解決するデータ分析提案であれば、正社員にとっても販売員にとっても受け入れやすいはずです。各ビジネススキーマを理解することで信頼関係を築き、潜在的な問題点を発見することができました。

　問題点を発見すればそれで終わり、というわけではありません。次に、問題点について現場担当者と認識を合わせることが必要となります。筆者が現場担当者に提案して約束したのは、「データ分析によって販売の

トレンドが今より素早く正確に分かるようにして、競合店より先読みをした品ぞろえを可能にする」ということでした。

　具体的には、日々の販売データ（POSデータ）とお客様の声という定性データを掛け合わせることで、ニーズのトレンド変化を先読みする予測分析を行います。そして、その分析によって得られる期待効果を現場担当者に伝えます。後述しますが、どのような組織にもビジネススキーマの中心となっているキーパーソンがいます。役職としてのリーダーである場合もありますし、役職は高くないが実質的にリーダーである存在がいる場合もあります。

　キーパーソンは、意思決定メカニズムの中心として君臨しているため、組織に同質化して入り込んだときはまず誰がキーパーソンであるかを見定めることが重要です（これも暗黙知の理解の一つと言えます）。そして、キーパーソンの本音を引き出し、受け入れられやすい本質的な分析提案を行うためには、そのキーパーソンに同質化し、そのキーパーソンが何に困り何を変えたら喜ぶかを考えることが肝要です。

　分析の方向性を現場（特にキーパーソン）と握ることができれば、あとは5Dフレームワークの通りに進めていくだけであり、最終的に「顧客の声から商品の先読みをする」という分析結果を展開し、現場を巻き込む（Deploy）ことができました。

　この事例は、急がば回れで、まずは現場のスキーマをじっくり理解することからスタートし、データ分析プロジェクトを成功に導くことができたケースと言えます。

コラム　原点は政治家秘書の経験

スキーマを理解することの重要性に気づいたのは、筆者がまだ20代半ばで政治家の秘書をしていた頃です。読者のみなさんは「政治家の秘書」と聞くと、さぞかし利権とカネにまみれて永田町で暗躍しているのだろうといったイメージを持っておられるかもしれませんが、一部の方々を除くと実態は大きく異なっています。筆者は新卒で採用されたNTT東日本を9カ月ほどで辞め、落選していた元国会議員の秘書になりました。「落選すればただの人」という言葉通り、ひとたび落選した後の政治家からはヒト・モノ・カネは雲散霧消し、秘書は筆者一人だけ、あとは高齢のボランティアスタッフ数人で事務所の活動をしていました。

専ら次期衆議院選挙に向けた活動が中心となりますが、「どぶ板選挙」という言葉があるように、極めて地道でアナログな人付き合いの世界です。「地元の名士があんたの親分を支持するっていうから支援することにした」「この前夏祭りの時に俺にあいさつしてくれたから応援してやるよ」とか、「おまえんところは葬式に電報も寄こさなかったのでもう応援しない」「おまえは大学出だから支持しない」といったおよそ思想信条とはかけ離れた世界がそこにはありました。ただひたすら次期立候補予定者を支援してほしいとお願いをして回り、一人ひとりの支持を集めるという気の遠くなるような業務です。

そのような状況下でただ一人の秘書ですから、より効率的に業務を進めるために簡易的なデータ管理ツールを作り、ビ

ジネスにおけるCRM（Customer Relationship Management）のように一人ひとりの属性・居住地域・出席イベントといったものだけでなく、発言内容・好みの話題、人間関係などに至るまであらゆる情報を入力していきました。それらを地域の小コミュニティーごとに細かく地図上で可視化し、人々の特徴が分かるようにしたのです。

すると、次第に「この地域のこのタイプにはこのトークをすればよい」「この地域の商店の悩みはこういう傾向だ」「この地域で後援会を組織化するときのキーパーソンはこの人だ」といった感じで自分の中で秘書として押さえるべき勘どころが理解できるようになりました。その結果、徐々に地域の支援者にも受け入れられるコツのようなものをつかむことができ、データ分析によりDM（ダイレクトメール）の出し分けなどをする際に分析の精度を上げることにもつながりました。

政治家秘書の時代に培ったスキルは、他のあらゆる業界においても汎用的に転用可能であり、秘書スキーマに包含されている対人コミュニケーションや対人距離といったスキルこそが、その後のデータ分析者としてDemandやDeployの場面において大いに役立ったのです。これは必ずしも政治家秘書の経験者だけが習得できるスキルというわけではありません。営業や接客の現場など、様々なタイプの人の勘どころを直接目の当たりにする機会があり、それらに対し諦めず一人ひとりを理解し続ければ、課題解決の重点ポイントを見抜く力を先鋭化させることができるのです。

1-3 ビジネススキーマを習得・活用するコツ

　筆者は若手のデータ分析者からアドバイスを求められると、「とにかく現場を知った方がよい」と話しています。金融業のデータ分析者であれば、営業担当者に1週間同行するだけでも、デスクワークで得た知見よりもはるかに広い視野・視点で学べます。小売業であれば、現場で販売される方と一緒に品出しや接客をすることで、実践知を得ることができると考えています。

　もちろん、闇雲に現場に行けば実践知が身に付くわけではありません。本節では、データ分析者が現場に出る機会を得た際に、効率的にビジネススキーマを習得し、それを活用するコツを紹介します。ビジネススキーマは知識として習得するだけでは不十分で、現場のキーパーソン（＝ステークホルダー）の意思決定を変更できるようになることが求められます。

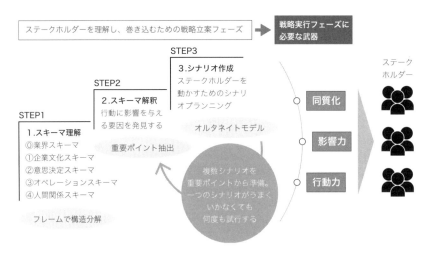

図表1-1　ビジネススキーマ活用力の全体像

　戦略的に実施できるようにするために、「ステークホルダーを理解し、巻き込むための戦略立案フェーズ」として、3ステップ・3つの武器を解説します（**図表1-1**）。3つのステップは「何をしたらいいのか」を整理したもの、3つの武器は「どうすればできるのか」を整理したものです。

〈3つのステップ〉

- ステップ1：スキーマ理解
  職場における各ステークホルダーのビジネススキーマを明らかにする。

- ステップ2：スキーマ解釈
  ビジネススキーマを解釈し、行動への影響度の高い重点ポイントを抽出する。

- ステップ3：シナリオ作成
  仮説を基に誰にどのようなコミュニケーションを行うか、課題整理に向けた道筋を決める。

〈3つの武器〉
- 武器1：同質化
- 武器2：影響力
- 武器3：行動力

　以下、本節では3つのステップを、次節で3つの武器について説明します。

1-3-1　ステップ1：スキーマ理解

　現場に自ら赴き観察したり体験したりすることの重要性については前述しましたが、ではそこで何を観察すべきなのでしょうか。一般的に「業務理解」と聞くと業務フローやマニュアルを理解することと考えるかもしれませんが、実際のビジネスの現場においてはそれだけでなく、様々な要素が業務に影響しています。

　前述した百貨店の例では、筆者自らが売り場の中に販売員の一人として入り込み、実体験をしながらあらゆる角度から観察しました。マニュアルはあくまで従業員の一般的な作業オペレーションの流れを明文化したにすぎず、明文化されていない、実際の作業者にしか分からない部分にこそ本質が隠れています。それを読み解くための共通の切り口となるのが**図表1-2**に示す5つのスキーマです。この5つを順番に理解することがステップ1「スキーマ理解」になります。

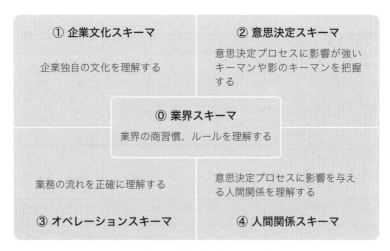

図表1-2　現場を読み解く5つのスキーマ

⓪業界スキーマ（業界特有の状況・ビジネスモデル・一般的な KPIツリーなどを理解する）

　文字通り業界特有の商習慣やビジネスモデルの理解から始まります。これらは基本的にはデスクリサーチや書籍レベルの知見で十分得られます。業界特有の常識、売上構造や利益構造、ステークホルダーなどを理解することによって、全体戦略を描く際のベースとなりますし、現場の人々と同質化していくうえでの共通言語となります。

　筆者もこれまで様々な業界に所属してきましたが、全く未経験の業界で働く際は、新卒向けの基本的な業界分析本程度のものから読み始め、業界関連書籍や業界専門雑誌などを少なくとも数冊は目を通すなどして、一定程度の基礎となる知見は身に付けるようにしていました。1冊だけではなく、数冊目を通すことがポイントです。複数の書籍で触れられている知識は当然記憶に残りやすくなりますし、どの書籍でも書かれている知識はその業界にとって特に知っておくべき知識であると言えます。しょせんは書籍の知識、と思うかもしれませんが、業界のことを全く知らないデータ分析者と、少しでも知っているデータ分析者では、問題の理解力に大きな差が表れます。書籍を読んだ時点では理解し切れなかった知識も、その後実際の分析課題に取り組んでいる中で情報がつながり、深い理解に至るということがよくあります。

　「どの業界でもデータ分析の基本は同じ」「それぞれの業界をそのたびに勉強しても無駄」などと言って「業界スキーマ」の学習を軽視していると、自ら失敗を招いてしまいます。「業界スキーマ」の理解については、データ分析プロジェクトの実践においても重要となることから、第3章の「ビジネス背景理解力」で詳しく取り上げます。

①企業文化スキーマ（会社特有の文化や風土・部門スキーマ・チームスキーマ・仕事の進め方）

　所属する会社特有の文化や常識の理解です。郷に入っては郷に従えとの言葉の通り、各社それぞれに「お作法（特有の常識や文化）」があります。例えば、会社内で面識がなくても通りすがれば必ず「お疲れ様です」と声掛けをするとか、失敗やチャレンジが許容されるような風土があるとか、逆に「詰めること（詰問）」が文化となっているような会社もあります。さらに部門ごと、チームごとに様々な細かい文化やルールがあるものです。

　これらの常識とされるお作法について、世間一般の常識と比べておかしな点があればその違和感を持ち続けて構いませんが、まずは一度そのお作法に同質化し組織の一員として消化、順応する努力をしてみることは非常に重要です。いつまでもアウトサイダーと見なされてしまうのは、内部の人々を巻き込んでいくうえでは得策とは言えません。

　例えば、そのチームの中では新しいことを挑戦する担当者よりも、普段の施策を間違いなく無難にこなす担当者の方が評価されやすいという場合、挑戦的な施策提案はあまり歓迎されないかもしれません。また、日々の業務で追われて疲弊している担当者ばかりの部門であれば、少し受注率を高めることよりも、運用を効率化する提案にこそ関心があるかもしれませんし、新施策のトライアルのために稼働を割くことを非常に嫌がるかもしれません。中には、ベテラン派遣社員の発言力が大きく、派遣社員の業務内容が変わるような取り組みはベテラン勢の反発を呼ぶため決して実行しようとしないという部署もあります。会社・部門・チームによって、決して侵すことのできない聖域や重要視するポイントがそれぞれあるものなのです。

　注意すべきは、同じ企業内の文化であっても、受け取り方は各立場に

よって異なる点です。極端な例を挙げれば、圧迫的な部下指導が一般化している企業において、経営層や管理職はそれを「愛の鞭（むち）」と捉えているかもしれませんが、現場の担当者から見れば「恐怖」と「不満」でしかありません。そのような違いから立場間のギャップを捉えるようにします。

　企業文化のスキーマ理解は、具体的には各ステークホルダーの立場から、「考え方の基準（THINK）」、「成果時間軸（TIME）」、「行動における基準（BASIS）」、「業務改革への意識（INNOVATION）」の観点で、それぞれが持っている価値基準を確認します。必ずしもこの4つの観点で見なければならないわけではなく、業界や企業の状況によって柔軟に見方は変えるのですが、主にはこの4点で考えれば多くの場合はカバーできます。

　「考え方の基準（THINK）」とは、その人が大事にしている考え方です。チャレンジ精神を基調とするベンチャー企業などは「面白いかどうか」、株主の影響力が強い企業であれば「株主の意向に沿うかどうか」など、企業によって様々です。ただ、経営層は株主意向に強く気を使うけれど、実務担当者はそこまで意識していないなど、同じ企業内でも温度差はあります。

　「成果時間軸（TIME）」とは、短期成果志向であるか否かなど成果に対する時間軸の考え方です。キャッシュが少ない会社や株主が短期利益を求める会社では、短期成果志向にならざるを得ません。大きな成果を出すには短期成果にこだわらず投資的に中長期の取り組みを行う必要がありますが、どこまで許容する体力と意思があるかは重要なポイントです。

　「行動における基準（BASIS）」とは、THINKやTIMEの価値基準の結果、その人はどのような行動方針をとるか、ということです。各種提案

や事業の動きがあったときに各人がどういう行動に出るか仮説を立てるために必要な情報です。

　「業務改革への意識（INNOVATION）」は、THINKの中でも特に、現行業務・事業を大きく変更することに対しての抵抗感、という点に絞った観点です。分析提案を施策に落とし込むということは現行業務の変更を伴います。それに対し、これまで実際に業務を行ってきた方、特に過去の成功体験が強い方にとっては変更に対する抵抗感が強いことが一般的です。企業全体として変化をどの程度許容してくれる土壌があるのか、その中でも大きな変化を期待する人、逆に望まない人は誰であるのか、あらかじめ押さえておく必要があります。

〈企業文化スキーマの要点〉

- 考え方の基準（THINK）
  大事にしている考え方。

- 成果時間軸（TIME）
  成果に対する時間軸の考え方。

- 行動における基準（BASIS）
  THINKやTIMEの考え方の結果としての行動方針。

- 業務改革への意識（INNOVATION）
  変化や改革に対する受容度・感応度・抵抗感。

---

②意思決定スキーマ（組織の意思決定と決定フロー、キーパーソンと影のキーパーソン）

　企業文化スキーマの次に理解すべきなのは、組織における意思決定のスキーマです。部門長の裁量が大きいのか、すべてを社長が決めるのかなど、組織によって大きく異なりますので、誰がキーパーソンなのかを理解するのは極めて重要です。また、仮に役職的に決定権者とされる立場の人であったとしても、実質的な決定権は他の方にあるというケースも存在します。つまり、「影のキーパーソン」がいるかどうかも見極める必要があるのです。会議や話し合いにおいて役職の高い方から必ず意見を求められる方、その人から意見が出ればほぼ反論なく会議が終会になるという方は、影のキーパーソンである可能性が高いです。

　これから実施するデータ分析プロジェクトにおいて、恐らく関わってくるステークホルダーのうち、誰が強い影響力を持つのかを想定します。意思決定フローの特徴として、各ステークホルダーは誰の意見を考慮しているかも確認します。その他、特定のステークホルダーが必ずと言っていいほど質問することがあれば、それらも押さえておきます。例えば、「○○さんには確認したのか」「チームの皆はどう言っているのか」「どれだけの売り上げにつながるのか」「競合はどうなのか」「既存業務に稼働影響はないのか」など、人によって質問の傾向や癖があるものです。こういった意思決定スキーマは実際にその組織に入り込みコミュニケーションを深めることで見えてきます。

〈意思決定スキーマの要点〉
- キーパーソンとしての影響力（Influence）
  意思決定への影響力の強さをざっくりとしたレベルで評価。

- 意思決定フローの特徴（Decision Making）

> 意思決定のポイントや傾向、癖など。
>
> • 自分との距離（Distance）
> 自分とステークホルダーの距離感（相手から見た距離）。

③オペレーションスキーマ（業務内容スクリプトを書き出す）

　対象部門（または企業）の業務がどのようなオペレーションサイクルで回っているのかを詳細に把握します。マニュアルで定められているような明文化されたオペレーション（スクリプト）の流れを時系列に整理し、その中に明文化されていない暗黙知を埋め込んでいきます。オペレーションスキーマを理解することには2つの意義があります。

　1つは課題を検討すべき対象業務を特定することです。業務上の課題を見つけるには、業務がどのように流れ、個々のオペレーションにおいて各ステークホルダーがどのような不便や不満を感じているかを正しく把握する必要があります。業務を一通り知っているつもりでも、きちんと時系列に沿って洗い出してみると実は把握できていなかった箇所があり、誰かが人知れずその業務をやっていたことが分かることもあります。そういう点にボトルネックや課題があったりすることも多いのです。

　もう1つの意義は、オペレーションを実際に行う現場担当者と近い感覚を身に付けることです。最終的に運用効率化や施策改善の提案を行う際には、作業順やその稼働量・誰がそれを行うのかを把握しておかなければ地に足のついた提案ができません。当たり前のことですが、オペレーション内容をよく知らない人からの改善提案はほとんどの場合、一般論の域を出ず、長年そのオペレーションを担ってきた人からすると「何も分かっていない」提案にしかなりません。

また、細かい業務の流れまで把握して理解できていることは1つの強みとなります。現場担当者や影のキーパーソンから共感を得やすくなるだけではなく、現場から離れた経営層や役員層からも「この人は、現場の具体的なオペレーションにまで詳しいから、任せても安心だ」と信頼を得ることにつながります。

〈業務フロー例〉
①DMのクリエイティブ作成
②クリエイティブA/Bテスト
③総送信枚数を決定
④ターゲットリスト抽出＆送信
⑤DM施策の効果検証

〈オペレーションスキーマの要点〉
- 業務フローごとに各ステークホルダーが抱える不満や不便などを詳細に記載。
- 現場担当者と近い感覚を理解する。

---

④人間関係スキーマ（運用における関係部署、社外ステークホルダーとの関係性、力関係、ポジショニング）

　スキーマ理解の最後は、人間関係のスキーマです。一見統率されたように見える組織であっても、構成する人の本音までは見えないものです。その組織に属していることに心底やりがいや充実感を抱いているのか、それとも日ごろから上司の指示に納得がいかない、人間性が嫌いなどの理由から面従腹背であるのか、などによって施策の実行度は全く異なります。

　戦争では同じ兵力であったとしても、「士気」によって戦況は大きく異なるといいます。企業が実施している360度評価は、組織への個人ごとのロイヤルティは測定できても、個々人の人間関係までは分かりません。ただ、実際にはその人間関係こそが組織をうまく動かすための鍵となっているケースが多いのです。

　各ステークホルダー間の関係性をマトリクスで整理します（**図表1-3**）。表の各セルには、縦軸のステークホルダーが横軸のステークホルダーをどのように思っているかを示します。「どのように思っているのか」を把握するには、大きく「関心」「信頼」「感情」「不満点」の4つの観点で整理します。

図表1-3　各ステークホルダー間の関係性マトリクス

　「関心」は、そもそもとしてその人のことをどれくらい意識しているかです。業務上の関わりが少なければほぼ意識することはないでしょうが、中には今後に向けて関係性を築きたいと考えている場合もあります。好悪以前に関心が薄ければ、そのステークホルダーの行動や意思決定にはあまり影響しないかもしれません。

　「信頼」は、ここでは特にその人の「仕事や能力に関する信頼」を指します。人間性は好きではなくても能力は認めざるを得なかったり、この

人がいなければ業務が回らないと考えていたり、対象の人の能力をどう評価しているか、など理性的な視点での見方であると言えます。面白いことに、対象者の能力や仕事の成果は誰から見ても同じであるはずにもかかわらず、見る人の立場によってその評価は異なるのです。

「感情」は、信頼とは逆に「人間的な意味での気持ち」を指します。信頼での事例とは逆に、「能力は高いがどうしても生理的に好きになれない」「過去にいざこざがあって関わりたくない」「嫌いではないが相手が自身の生殺与奪の権を握っているため怖い」など、感情的な視点での見方となります。感情は理屈で変えられるものではないため、時にその人の行動や意思決定において想定外の影響を及ぼす場合があります。

最後の「不満点」は他の3つとは異なり、具体的に相手のどういう点について不満を持っているかを深掘りします。その際、前段で既に考慮済みである「感情」の要素は排除して考えてください。つまり「不満＝嫌い」という見方はせず、文字通り「不満＝満足していない点」という観点で整理します。「もう少しリーダーシップを発揮してほしい」「遠慮せずもっと積極的になればいいのに」「頑張っているのだから評価してほしい」「他社員と比べて対応に差がある」などです。ある意味、「信頼」の逆と考えてもいいかもしれません。

1-3-2 ステップ1の習得／「カタログ通販Ａ社のデータサイエンティストＸさん」の事例

前項ではステップ1「スキーマ理解」について説明しましたが、机上だけで腹落ちするのはなかなか難しい面があります。そこで、より理解を深めるために、経験者の追体験ができるようにしました。以下では、実話を基にしたフィクション形式で説明します。登場するのは、カタログ通販Ａ社に転職したデータサイエンティストＸさんです。

　Xさんはカタログ通販A社にデータ分析者として入社し、新設された分析部門に配属されました。Xさんに期待された役割は、カタログやDM（ダイレクトメール）の送付先をAIで分析し、利益を最大化する分析モデルを作り、現場をうまく巻き込んで施策を実行することでした。これまで送付先は、CRM部門（既存顧客向け施策部門）が勘と経験で選定していたのです。そこに、新たな方法としてAI活用を進めることとなりました。

　意気揚々と現場に乗り込んだXさんを待っていたのは、「データ分析」に対する強い反発でした。これまでは業務でデータ分析を行うことがなかったので、CRM部門の現場担当者からは“異物”のように見られ、さらにCRM部門を率いるトップもデータ分析の必要性は理解しつつも、ある種の不信感を抱いています。

　そこでXさんは、ステップ1「スキーマ理解」の5つのスキーマについて要素分解をしていきました。ここでは「⓪業界スキーマ」を除く4つのスキーマを整理した内容を記載します。

①企業文化スキーマ（会社特有のカルチャー・業務に対する各ステークホルダーの思想）

　会社全体の風土としては、オーナー社長の影響により、新しい文化や事物を積極的に取り込んでいくことが奨励される雰囲気です。商品開発力とメディアプランニングが肝であり、ヒト・モノ・カネの中心がここにあります。ダイレクトマーケティングが主体であり、ROI（費用対効果）は即効性が求められるため、長期的な視点に立った顧客ナーチャリング（育成）を行うという概念が会社全体として形成されていません。

　創業時からのメンバーが幹部層になっているため、急成長期の成功体験が経営層の行動規範になっていて、それ以外の意見が言いにくい雰囲

気があります。社長は取り巻きからしか情報が入ってこないため、変革を求めながらも変革の方法が分かっていないようです。

　また、成果が出ない部門長は短期間で退職へと追い込まれがちです。部門単位で見ると、CRM部門は会社内のメインストリームからは外れている立ち位置であり、短期的成果を追うために日々、カタログの送付対象となる既存顧客リストをデータベースから抽出する業務と発送業務を繰り返しており、抽出方法も経験と勘頼みであるため伸び悩んでいます。CRMのチームも創業期からの古株メンバーと拡大期以降のメンバーが入り交じり意思疎通が図れておらず、会社と同様に過去の成功体験をベースに業務を運営しているため、改善提案が受け入れられにくく、余計なことは言えません。

　Xさんは「①企業文化スキーマ」を表形式で整理しました（**図表1-4**）。各ステークホルダーに対してTHINK、TIME、BASIS、INNOVATIONの基準に沿って自分で観察したり、古株社員との会議やランチを利用して第三者からの評判を聞いたり、あらゆる方法を使って情報を集めました。

図表1-4　Xさんが整理したA社の「①企業文化スキーマ」

ステークホルダー	経営層	CRM部門長	チームメンバー
考え方の基準 THINK	過去の成功体験	メインストリームではない。コンプレックス	年次が古く声の大きいメンバーが絶対。「昔からこれでやっているから大丈夫」
成果時間軸 TIME	短期成果主義	中長期で考えたいが短期の成果を求めざるを得ない	とりあえずその場をしのぐ
行動における基準 BASIS	成果が出ない人は交代	評価につながらないことはしない	余計なことは言わないし、したくない
業務改革への意識 INNOVATION	変えたいが変え方が分からない	変えたいが会社と部下の板挟み	変えたくない

②意思決定スキーマ（組織の意思決定と決定フロー、キーパーソンと影のキーパーソンを理解する）

　A社の意思決定は「社長絶対主義」で、トップダウンですべてが決まっています。しかも、社長の意見は朝令暮改でコロコロと変わるため、経営幹部層は常に社長の顔色をうかがっている状況です。ただ、その中でも数人、社長のお気に入り的な存在で社長から意見を求められる幹部がいます。残念ながらCRM部門の部門長は社長に意見を求められる幹部ではなく、しかも部内からの支持度も低い。もちろん部下社員に指示はするものの、実際には社歴が長い古株リーダーが影のキーパーソンであり、その古株リーダーが社員の意見を取りまとめるので、部門長は容易に反対できないでいます。ここまでの情報をXさんはA社の「②意思決定スキーマ」として表形式で整理しました（**図表1-5**）。

図表1-5　Xさんが整理したA社の「②意思決定スキーマ」

ステークホルダー	経営層	CRM部門長	チームメンバー
キーパーソンとしての影響力　Influence	大（社長のみ）、中（その他の経営層）	小	中
意思決定フローの特徴 Decision Making	社長の絶対的なトップダウン	社長と部下の板挟み	チームの意見を集約
自分との距離 Distance	遠い	近い	様子見

③オペレーションスキーマ（業務内容スクリプトを書き出す）

　XさんがCRM部門の社員にヒアリングしたところ、CRMのDMチームの主なスクリプトは以下の5つで1サイクルとなり、また次のDMの構想へという流れでした。

（1）DMのクリエイティブ（広告や販促活動のための制作物）作成
（2）DMのクリエイティブのA/Bテスト
（3）総発送枚数を決定

（4）ターゲットリスト抽出＆発送

（5）DM施策の効果検証＆結果報告

　ここまではマニュアルに記載するなど形式知化されていますが、当然ながらマニュアルに記載していないことも多くあります。時系列にステークホルダーの暗黙知や意思決定傾向を表形式で整理しました（**図表1-6**）。

図表1-6　Xさんが整理したA社の「③オペレーションスキーマ」

ステークホルダー	経営層	CRM部門長	現場リーダー
（1）DMのクリエイティブ作成	現場はもっと工夫できるはず	現場に負担をかけたくない	前例踏襲
（2）クリエイティブA/Bテスト	現場はちまちま実施している印象	じっくり調査したい	とりあえずやっている
（3）総送信枚数を決定	なるべく多くの顧客にDMを出したい	顧客リストの消耗が心配	あまり心配していない
（4）ターゲットリスト抽出＆発送	もっとAIに任せるべきだが詳細が分からない	完全にAIに任せるのは不安	経験と勘の方が重要
（5）DM施策の効果検証＆結果報告	精度はもっと上げられるはず	とりあえず経営層に無難に報告できればよい	とりあえず報告できればよい

　この表のように業務フローを整理することで、各ステークホルダー間の意識のギャップが可視化され、どこのボトルネックを解消すればデータ分析プロジェクトを進展させられるかの足がかりとなります。この場合、経営層はより多くの顧客に対して受注精度高くDMを出してほしいという要望がありますが、CRM部門長は同じ顧客に大量にDMを送ることによるリスト消耗（過剰な施策提供による反応率低下・顧客離反）を心配しています。さらに、新たに導入を計画しているAIに対する不安が強く、対立構造があることが分かります。攻めるならば、このあたりのボトルネックかもしれないと見通しを立てます。

④人間関係スキーマ（運用における関係部署、社外ステークホルダーとの関係性、力関係、ポジショニング）

　Xさんは各ステークホルダーをさらに細かく人間関係や力関係に沿って整理しました。会議後の出席者の何気ない会話などから、ボトルネックの特定につながりそうな「不満点」などの具体ポイントや、仕事への「信頼」や好悪の「感情」などの情報を集め、組織の中で誰がどのように思われているのかをまとめました（**図表1-7**）。行がステークホルダー、列が「誰に対してか」を表します。

図表1-7　Xさんが整理したA社の「④人間関係スキーマ」

④人間関係スキーマ	対経営層	対CRM部門長	対現場リーダー	対データ分析者
経営層の感情	−	能力については不満だがプロパーだから重用	能力は低いと思っているがプロパーは大事	プロパー社員は信頼するが中途社員は距離が遠い
CRM部門長の感情	現場を理解してくれないのが不満だがクビにされるのが一番怖い	−	なぜ自分の言うことを聞いてくれないのか。自分は正しいはず	第三者の力を借りて実績も作りたいけどコミュニケーションが苦手
現場リーダーの感情	経営層とは距離が遠過ぎて興味がない	指示が細か過ぎて人間的に嫌い	−	外部のよく分からない人は信用しない

　経営層は、プロパー社員に対する思いは強く、能力に不満はあっても重用する傾向にあり、逆に部門長は経営層に対しては「恐怖心」、現場に対しては「理解されない不信感」があり、あくまで自分は正しいのに誰も理解してくれないと助けを求めています。しかし、第三者の力を借りるにはコミュニケーションが苦手でうまくいきません。

　現場リーダーは、部門長に対する人間的な不信感が募っていることが分かりました。これら感情の問題を無視したままでは、プロジェクトは

うまく進まないのです。また、それぞれの個人的事情なども意思決定に影響を与える要素となりますが、このCRM部門長の場合は「子供がまだ生まれたばかり」という点で「なるべくクビにつながるような大きなミスはしたくない」という意思が行動を大きく守りに走らせていました。

さらにここで重要なことは、いま一度客観的に自分（データ分析者としてのXさん）が周囲とどのような関係性にあるのかについても、項目を追加して埋め込んでみたことです。必要な情報は、あくまで相手から見た自分評であり、例えばCRM部門長がXさん自身をどのように見ているかを部門長の言葉として書き込みます。

1-3-3 ステップ2：スキーマ解釈

ステップ1では理解すべきビジネススキーマについて説明しましたが、これだけではまだ全体像として漠然とビジネススキーマを把握したにすぎません。このスキーマの情報をきちんと読み解き、意味のある情報に変えていく必要があります。本項では、理解したビジネススキーマを具体的にどのように解釈し、そこからどうDemandの仮説構築につなげるかを解説します。そして最終的に、誰に対してどのようなコミュニケーションをとっていくのが最善か、具体的なコミュニケーション方法を推定できる情報を見いだすことを目指します。

ここからもカタログ通販A社に勤めるXさんのケースで説明します。まずすべきことは、データ分析プロジェクトを推進する際にボトルネックとなる要素の抽出です。Xさんは各スキーマの表から各ステークホルダーの要望と、要望を妨げる要素をそれぞれ抽出しました。それにより、ボトルネックを浮かび上がらせます（**図表1-8**では、要望を斜体、要望を妨げる要素を太字で示します）。

①企業文化スキーマからボトルネックを探す

　まずは、①企業文化スキーマです（**図表1-8**）。表を整理することによって見えてきたのは、経営層とCRM部門長はそれぞれ現状を変えたいという思いは強く持っていますが、時間軸における考え方の乖離があることが分かります。親会社から短期的なプレッシャーを求められているが故に経営層は現場レベルにも短期施策を求めがちですが、大きな変

図表1-8　「①企業文化スキーマ」からボトルネックを探す

①企業文化スキーマ	経営層	CRM部門長	チームメンバー
考え方の基準 THINK	**過去の成功体験**	メインストリームではない。**コンプレックス**⇒*もっと社内の立ち位置を向上させたい*	**年次が古く声の大きいメンバーが絶対。**「昔からこれでやっているから大丈夫」
成果時間軸 TIME	**親会社のプレッシャー**があるので*短期で成果が欲しい*	*中長期で考えたいが***短期の成果を求めざるを得ない**	とりあえずその場を**しのぎたい**
行動における基準 BASIS	成果が出ない人は交代	**評価につながらないことはしない**	**余計なことは言わない**
業務改革への意識 INNOVATION	*変えたいが***変え方が分からない**	*変えたいが***会社と部下の板挟み**	変えたくない

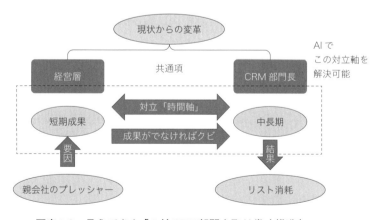

図表1-9　見えてきた「A社CRM部門を取り巻く構造」

革は短期で確実な成果が出るものではないうえ、チームメンバーは改革に否定的、さらには成果が出なければクビというプレッシャーがあるため、CRM部門長は既存の顧客リストで無理やり短期成果を出すしかない状況が起きています。結果として両者が求める変革は実現できていません（**図表1-9**）。

②意思決定スキーマからボトルネックを探す

　②意思決定スキーマは、どのキーパーソンから話をすればいいのか、その順番を決める判断材料となります。このとき自分自身（事例ではXさん）から見た距離も整理しておくと、アプローチしやすく客観的に理解できます。A社は社長のトップダウンであるため、話をしたい人は社長となります。大企業と異なり中小企業の同社は比較的社長との距離は近いようです。社長とAIによるCRMの改善について握ることが最優先ですが、Xさんは中途社員であるため、まだそのパイプはありません。Xさんの上長であるCRM部門長との距離は近く、部門長自身も古株として社長との距離は近いため、そこの流れをまず活用することに決めます（**図表1-10**）。

図表1-10　「②意思決定スキーマ」からボトルネックを探す

②意思決定スキーマ	経営層	CRM部門長	現場リーダー
キーパーソンとしての影響力 Influence	**大（社長のみ）、中** （その他の経営層）	小	中
意思決定フローの特徴 Decision Making	社長の絶対的なトップダウン	社長と部下の板挟み	チームの意見を集約
自分との距離 Distance	遠い	**近い**	様子見

③オペレーションスキーマからボトルネックを探す

　③オペレーションスキーマは、業務フローの中で各ステークホルダー

にとって課題感が特に強いものを抽出します。①企業文化スキーマでは時間軸（短期 vs. 中長期）での対立構造があることが分かりました。主要なオペレーションを分解していくことで、その対立構造の中でどこのプロセスを攻めれば各ステークホルダーの一致点を見いだせるかを探ります。この場合、AIによるDM出し分けの高度化によって、総発送枚数を抑えつつ受注精度向上によって利益率を上昇させる、という点で両者にとっての真のDemandの解決策を見いだします。現場はKKD（経験・勘・度胸）の従来型の手法を変えたくありませんが、経営層と部門長間で一致していれば、現場でのAIの導入・活用へのハードルが下がります（**図表1-11**）。

図表1-11　「③オペレーションスキーマ」からボトルネックを探す

③オペレーションスキーマ	経営層	CRM部門長	現場リーダー
(1) DMのクリエーティブ作成	現場はもっと工夫できるはず	現場に負担をかけたくない	前例踏襲
(2) クリエーティブA/Bテスト	現場はちまちま実施している印象	じっくり調査したい	とりあえずやっている
(3) 総送信枚数を決定	なるべく多くの顧客にDMを出したい	**顧客リストの消耗が心配**	あまり心配していない
(4) ターゲットリスト抽出&発送	**もっとAIに任せるべきだが詳細が分からない**	完全にAIに任せるのは不安	経験と勘の方が重要
(5) DM施策の効果検証&結果報告	精度はもっと上げられるはず	とりあえず経営層に無難に報告できればよい	とりあえず報告できればよい

④人間関係スキーマからボトルネックを探す

　④人間関係スキーマでは、各ステークホルダーが強くネガティブに思っている要素をピックアップします。理想とする行動への抑圧となっている要因を探索する場面では、心の機微を把握することで適切なコミュニケーションができるようになります。Xさんは、各ステークホル

ダーの中で最も抑圧要因を抱えているのはCRM部門長であるという仮説の下、苦手と思われる対人コミュニケーション方法について、こちらから積極的なアプローチをとるという方針にしました（**図表1-12**）。

図表1-12　「④人間関係スキーマ」からボトルネックを探す

④人間関係スキーマ	対経営層	対CRM部門長	対現場リーダー	対データ分析者
経営層の感情	－	能力については不満だがプロパーだから重用	能力は低いと思っているがプロパーは大事	プロパー社員は信頼するが中途社員は距離が遠い
CRM部門長の感情	現場を理解してくれないのが不満だが**クビにされるのが一番怖い**	－	**なぜ自分の言うことを聞いてくれないのか。**自分は正しいはず	第三者の力を借りて実績も作りたいけど**コミュニケーションが苦手**
現場リーダーの感情	経営層とは距離が遠過ぎて興味がない	**指示が細か過ぎて人間的に嫌い**	－	外部のよく分からない人は**信用しない**

ここまで整理したものをまとめると、こうなります。

①企業文化スキーマ：経営層とCRM部門長間の時間軸の捉え方のズレの解消。

②意思決定スキーマ：社長とAI活用方針を握ることが肝。距離が遠い社長へのパスとしてCRM部門長を活用する。

③オペレーションスキーマ：AIのDM出し分け精度向上によって、利益率向上とリストの摩耗を回避させる。

④人間関係スキーマ：CRM部門長の抑圧要因を前提とした積極的なコミュニケーションを図る。影のキーパーソンを中心とした現場には分かりやすい説明を心がける。

1-3-4　ステップ3：シナリオ作成

　ここまで整理してきたスキーマの情報を基に、いよいよコミュニケーションシナリオを作成します。どれだけ良いデータ分析も高度なAI活用も、すべての取り組みは最終的に関係者に届けて活用されなければ何の意味もないのです。実際の活用に向けて関係するステークホルダーをどう動かしていくのか、ここではその具体的なシナリオ設計方法を紹介します。

　Xさんのケースの場合、経営層（社長）と現場リーダーという2人のキーパーソンを押さえる必要がありますが、Xさんは中途社員であり幹部層ではないため社長との接点はありませんでした。そこで影響力は小さいですが、創業期からの古株であるCRM部門長と社長の個人的関係性を活用し、社長の前でプレゼンテーションをする機会をつくることにしました。企業文化スキーマやオペレーションスキーマで整理したように、社長を含め経営層は株主である親会社からの短期利益を求めるプレッシャーがある中、AIを使いもっと業務効率化をしたいという思いは強いですが、現状はプロパー中心の幹部構成となっており、不満はあるけれどその仕組みを変えることができず、明確なAIによる業務変革のイメージも湧いていませんでした。Xさんはそこに勝機を見いだしました。

　経営層と現場の板挟みにあっているCRM部門長にとっての一番の恐怖は、結果を出せずに「クビになること」です。このまま成果が出ないままでいるより、Xさんの提言に乗ってAI活用に取り組むメリットはあると理解してもらう必要があります。さらにCRM部門長にとってのもう一つの課題である「リストを消耗させたくない」という点についても、AIを活用する方が効果的であると理解してもらいます。

　ここまで理解してもらったうえで、社長とのパイプ役になってもらい

ます。プロパー社員と異なり経営層との接点が薄い中途社員であるXさんは、古株のCRM部門長をパイプ役にして社長にダイレクトに提案をする機会を得ることで、AIをベースとしたCRMの高度化戦略を一気にオーソライズさせることを考えたのです。「よく分からない外から来た人」として現場に乗り込むのではなく、経営層に承認され社内でオーソライズされた施策を推進する立場として現場に乗り込むことで、実行力を担保することを考えました。

　Xさんはステップ2「スキーマ解釈」において、各ステークホルダーの影響力の強いペインポイントや理想行動などを浮かび上がらせました。その結果、**図表1-13**のような流れで各ステークホルダーを攻略していくことにしました。

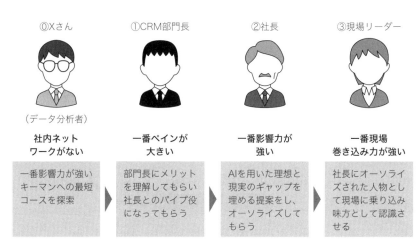

図表1-13　Xさんが立てたコミュニケーションシナリオ

　ここでさらに、各ステークホルダーに対するコミュニケーション方法を考えます。ここで策定したコミュニケーションシナリオは、最終的なアクションを進めるうえでの羅針盤となりますので、シナリオに沿って必要に応じて微修正を繰り返しながら少しずつステークホルダーを動か

していきます。ただ、闇雲にシナリオを作ればよいのではなく、ここでも同様にフレームワークを用いることが有効です。

　コミュニケーション方法を考える道具として、コレクシアの芹澤連氏が執筆された著書『"未"顧客理解　なぜ、「買ってくれる人＝顧客」しか見ないのか？』（日経BP、2022年）で紹介しているフレームワーク「オルタネイトモデル」を活用します。オルタネイトモデルは、①きっかけ、②行動、③欲求、④抑圧、⑤ベネフィットに整理し、そこから「随伴性の把握」「ベネフィットの再構築」を行い、ターゲット顧客の行動を変えるコミュニケーション方法を考察する強力なフレームワークです（**図表1-14**）。ここでは「オルタネイトモデル」の簡易的な紹介となりますので、ご興味のある方はぜひ『"未"顧客理解』をお買い求めください。

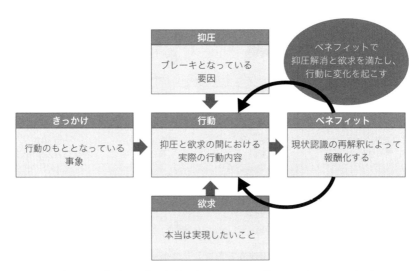

図表1-14　『"未"顧客理解』で紹介している「オルタネイトモデル」

　ステップ2で各ステークホルダーの理想的な姿やペイン、ボトルネック、感情的な障壁を洗い出したので、それらを解消する方法を考えます。実はオルタネイトモデルはこのような社内マーケティング的な事象を整

理する場合でも極めて有効に働きます。ここまでで整理した点と点の素材があれば、要素は埋められるはずです。

①CRM部門長のオルタネイトモデルによるシナリオ作成

　まずは、CRM部門長のオルタネイトモデルです（**図表1-15**）。CRM部門長の「きっかけ」は、中途で採用したデータサイエンティストを中心としたAI活用の検討でありつつも、現状の「行動」はKKD型の大量発送でリストを消耗する方法をとってしまっていることです。

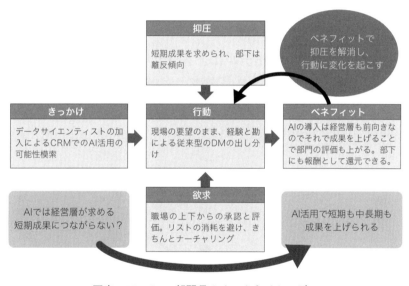

図表1-15　CRM部門長のオルタネイトモデル

　「抑圧」となっているのは、経営層から短期成果を求められることと、急な変化を好まない現場からの反発です。

　「欲求」は経営層からも部下からも認められ、さらに安定した雇用状態を確保することです。しかし、部下とのコミュニケーションはうまくいかずしばしば現場リーダーとの対立構造が起きています。リストの消

耗を避け、きちんと中長期の視点でナーチャリングができる状態にしたいのですが、現状は対立を避けるために従来型の方法をとらざるを得ません。

　これまでの要素分解の結果、各ステークホルダーが抱えているペインの解像度はくっきりしているため、まずはCRM部門長にAI導入推進の不安点である成果の時間軸の対立構造は解消できることを理解してもらい、さらに経営層にAI導入によるCRMの高度化の成果を見せれば、部門評価向上による賞与増額という形で現場に報いることが可能だというコミュニケーションシナリオを部門長向けに作りました。

②社長のオルタネイトモデルによるシナリオ作成
　次は、社長のオルタネイトモデルです（**図表1-16**）。A社の社長の「きっかけ」は、安定的な収益構造化のためにAIを活用したいものの、株主の親会社から短期成果ばかりを求められていることです。結果とし

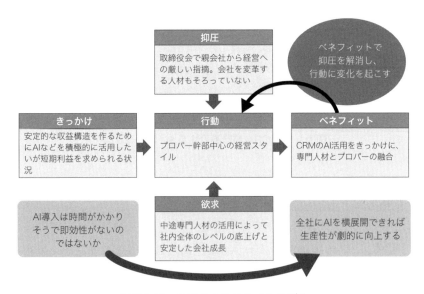

図表1-16　社長のオルタネイトモデル

て「行動」は、過去の成功体験を共有し、ある程度信頼がおけるプロパーの経営幹部を中心とした従来型の経営スタイルです。

　「欲求」としては、データサイエンティストなどの中途専門人材をうまく活用してAIなどの先端技術を積極的に導入したい思いはあるものの、「抑圧」となっている親会社からの取締役会における経営責任のプレッシャーと、創業時からいるプロパー幹部層の成功体験主義による前例踏襲の文化が育成を妨げる要因となっています。

　本来であれば、積極的に採用しているデータサイエンティストなどの中途専門人材とプロパー人材のシナジーによって社内全体のレベルを底上げしたいのですが、その方法が見つからないままなのが悩みです。このペインを解消するためのコミュニケーション方法として、CRMという比較的AIの効果が短期的に出やすい部門で成功事例を作り、他部門への横展開が可能なイメージを見せつつ、専門人材がリードしていく姿によってプロパー社員に刺激を与えるようなコミュニケーションシナリオを作りました。

③現場リーダーのオルタネイトモデルによるシナリオ作成

　最後に現場リーダーのオルタネイトモデルを構築します（**図表1-17**）。「きっかけ」としては、なるべく現状を変えたくない中、データ分析者が加入して戦々恐々ということが前提にありますが、現状の「行動」は、変革を追求していくよりはとりあえず成果を出していくために従来型の経験と勘をベースとした業務を行っています。

　「欲求」としては「もっと評価されたい」「処遇を改善したい」という強い思いがあります。「抑圧」となっているのはCRM部門長との関係性であり、より評価されるためにどのようにして成果を出していくかという点については明確に回答を持っているわけではありませんが、リストや

クリエイティブがもっと改善されればという願望もあります。

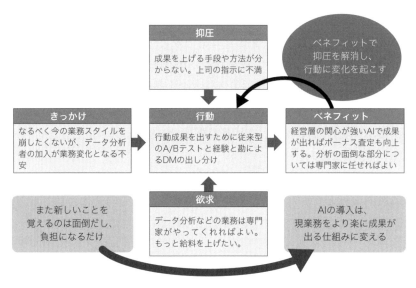

図表1-17　現場リーダーのオルタネイトモデル

　コミュニケーションシナリオを作るには、まずは彼らの不安な「現状維持」の部分について安心感を言及しつつ、社長公認のAI施策により「より楽により多くの成果」が出せる点を訴求していきます。

策定したシナリオの実践

　このように意思決定プロセスに影響力の強い3つのステークホルダーごとにコミュニケーションのシナリオを作りましたが、コミュニケーションの方法はあくまで仮説としておき、アクションをしながら微修正を行います。策定したシナリオを決めつけるのではなく、良いシナリオができるまで何パターンも作成し、最初のシナリオパターンを試してダメならば、2の矢、3の矢のシナリオをぶつけていきます。実際の場面では、当日の「機嫌」や「気分」、また「体調」や「忙しさ」といった要因にも左右されますので、タイミングを見てアクションをとります。

Xさんはこのシナリオをベースの仮説として、まずはCRM部門長とのコミュニケーションを強化すべく、一緒にランチに行ったり、1on1を頻繁に実施してもらったりして接点を増やしました。対人コミュニケーションが苦手なCRM部門長から本音を引き出せる関係になるには時間を要しましたが、趣味が「お笑い」であることを聞きつけ、好みのジャンルのお笑い芸人などを調べ上げ一緒にライブに行ったり話題を振ったりするなどして、共通項を意図的に作り、そこから心を開いてもらいました。

　現場リーダーからの不信感に悩む部門長に寄り添い、Xさんが味方であることを認識させていったのです。接点を増やす中でAIの有用性についてのインプットを継続的に行い、理解してもらうことで、CRM部門長は自らが社長とのパイプ役となることを引き受けてくれました。

　その後、社長を前にしたプレゼンテーションがセッティングされることになりましたが、社長にとっては恐らく初めて見るデータサイエンティストであるため、変な色眼鏡で見られないように、社長の趣味情報などから格闘技の話や高級車の話題などでアイスブレイクを行いました。社長のペインとなっている短期的な利益にAIが貢献すること、AIの知見が社内に広がることで社員の能力向上と会社の成長に寄与することを重点的に説明した結果、無事に理解を得ることができ、AIを全社的に導入すべきであるという指示を経営幹部に行うことになったのです。

　このようにしてお墨付きを得たXさんが最後に攻略したのが現場リーダーでした。案の定、会社のAI活用の方針に対して不安感と不信感を募らせていましたが、大きな流れに対してそこまで大きな反発はありませんでした。そこで改めてAI自体は現場リーダーのこれまでの業務を大きく変えることなく、むしろもっと楽に成果を出せる仕組みに変える

こと、また小難しい分析やシステムの設計などはXさんがカバーすることを丁寧に説明したところ、現場リーダーも納得してくれました。

　各ステークホルダーの理解を得られたことでようやくデータ分析を活用できる土壌がすべて整いましたが、AI導入の効果は劇的で、これまでよりもはるかに少ないDM発送数で利益率を大幅に向上させつつ、同時並行できちんとナーチャリングも実施することができました。ほぼ全自動で抽出されるリストとマーケティングオートメーションの仕組みは現場の業務負担を約30%減らすことができ、CRM部門長は高い評価を得てその成果は賞与として現場社員に還元されました。

　このXさんのストーリーは事実を基にしたフィクションですが、流れはほぼ忠実に再現しています。このように、データを用いたマーケティング施策をきちんと実行していくには、想像以上に泥臭い課題を突破していかねばならないのです。このような行動に対して、他人を利用するなんてと嫌悪感を抱く方もいらっしゃることでしょう。しかし、人と仲良くなるために、相手の関心があることから会話し交流するといったことは、通常の交友においてもごく当たり前のことです。皆の悩みを引き出し、すれ違いを解消し、全員の認識を合わせていくには、まず関係性をつくることができなければ何も始まりません。

　コンサルティング会社が実施するような、ロジカルシンキングをベースとした問題発見から始める課題解決方法は、確かに表面的な問題の切り分けには有効ですが、生身の人が動いている組織においてはロジカルな合理性だけでは推し量れない極めてウエットな部分が大きな影響を及ぼします。そしてそのようなアナログで非合理的に見える部分においても、各ステークホルダー自身にとっては合理性がある行動なのです。データ分析のような新たなアプローチをとる際、Demandをしっかりと引き出すにはここで説明したようなアプローチが必要です。ビジネスス

キーマを理解することは、一見データ分析とはほど遠い概念に思えますが、実はそれこそがデータドリブンな組織に変革する近道なのです。

1-4 スキーマ活用のための3つの武器

前節では、ビジネススキーマを理解し、それを基に関係者を巻き込むコミュニケーションを実現するシナリオを作成しました。読者のみなさんはどう思われたでしょうか。「理屈は分かるけれど実際に仕事環境で実践するのは容易ではない」と思った方もいらっしゃるでしょう。

先述したように、いわゆる「人の機微が分かる人」「問題の勘どころを捉えるのがうまい人」というのは、ビジネススキーマの活用を、特段意識することなく、それまで培った感覚でうまく進めることができる人です。そういった立ち回りは苦手であるという方は、その感覚がまだ身に付けられていない状況だと言えます。

そこでここからは、前節までに説明したことを実践するための「3つの武器」を紹介します。

1-4-1 武器1：同質化

1つ目の武器は「同質化」です。お客様やビジネス関係者が何を考え、どう感じ、どのような判断を行うのか、完全に相手の気持ちと一体化して想像できるようになること、すなわち「同質化」が必要です。このように説明すると、「そんなことはいつもやっている」「当たり前だ」という反応がよく返ってきます。しかし、実際に本当の意味で同質化できているケースは実はそれほど多くありません。

マーケティングには顧客視点という言葉がありますが、多くの場合はあくまで「マーケター視点で見た顧客の見ている景色」になりがちです。

「こういう性年代のお客様であればこう考えるはずだ」「このようなライフスタイルのお客様であれば当然○○を行うはずだ」と既存知識による思い込みで推測をしてしまうのです。しかし、本当の顧客視点というのは「顧客自身になりきること」であり、あたかも自分がその顧客であるかのような視点になるまで徹底的に顧客を観察する必要があります（**図表1-18**）。

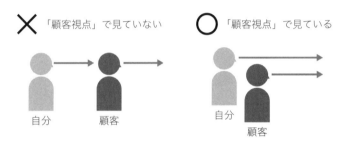

図表1-18　顧客視点で見る

　顧客自身になりきっている状態というのは、その人がどういう時に喜び、何に対して嫌だと思うか、どういう説明はどう受け取るか、対象と完全に感覚をリンクし思考や感情を想像できる状態を指します。その際はいったん、自分が自分であることを忘れなければなりません。同質化することで、その人にコミュニケーションをとったときに相手からどういう反応が得られるか、事前にシミュレーションをすることができます。よく、ハラスメントかどうかの判断は相手次第であり、相手の立場で想像することが大事といわれますが、まさにそれと同じです。

　前述の百貨店の事例では、エスカレーター前や売り場を管理者として観察することのみならず、ブランドに入り込んで一緒に販売し、悩みを聞き、共に喜ぶ行動を通じて、自分と売り場スタッフを同質化させることが信頼獲得の第一歩でした。「自分はデータ分析者だから」「自分は

あくまで売り場を管理する側だから」と下手なプライドによって壁をつくってしまうと、途端に現場スタッフから見抜かれてしまい、いつまでたっても販売員の感覚は分からないですし、結果として信頼を得にくい状態が続いてしまいます。

　前節で説明したように各ステークホルダーのビジネススキーマを理解する際、徹底的に相手の感覚になりきってシミュレーションできるかどうか、それが「同質化の武器」となります。ポイントは、次の5つです。

(1) 顧客であれば具体的なペルソナをイメージする。ビジネス関係者であれば対象の特定の人を明確にイメージする。

(2) 顧客視点・相手視点を考える際、企業側・自分側の都合は一切考えない。

(3) 相手が気にする要素を思い付く限り想像する。

(4) 相手に伝えた言葉は、「100%期待通りに受け取られることは決してない」と理解する。

(5) 普段どういう業務環境・ライフスタイルをしていて、こちらからコミュニケーションした後にどのような行動をとるのか、幅広い時系列で想定する。

　(5) は、分かりづらいので一つ例を紹介します。あるIT部門の担当者がビジネス部門の担当者に対して、新しいツール導入の必要性を説明したとします。新ツールは、市場競争力のある独自性を備え、新規性もあり、費用対効果も十分であることを、徹底した事前準備と明確な理論で丁寧に説明しました。IT部門の担当者は、自分がビジネス担当者であればこの提案を受けないはずがないと採用を確信していましたが、結果それは採用されませんでした。

　ビジネス部門の担当者は説明を聞いて納得していたはずなのに、なぜ

採用されなかったのでしょうか。実は、ビジネス部門の担当者は、その提案を進めるため自部署に戻った後、上司に説明し導入決裁を求めましたが、ツールに関する内容が複雑であったため、上司にその有用性を正しく示すことができず、なんとなく良いものであるという説明しかできなかったのです。

もしIT部門の担当者が本当の意味で相手の立場に立って考えていたら、ビジネス部門の担当者は説明を受けた後、どのようなアクションをとることになるかまで想像を膨らませることでしょう。ビジネス担当者はそこまでリテラシーが高くないうえ、長らく検討を進めてきた自分たちと違い、1回説明を受けただけの状態です。恐らく上司への説明に困るであろうことまでを想像し、ツール内容を簡単に説明できる資料を作って提供したり、担当者に同行して上司への説明を支援したりすることを考えたことでしょう。

同質化して、そこまで想像を広げられなかったことが失敗の要因となりました。

同質化は「ここまですれば十分」とか「やり過ぎた」ということはありません。どれだけ想像を膨らませても、現実はそれ以上に複雑であるため必ず想像が当たるとは限りません。しかし、何度も相手に同質化して思考を膨らませることで、コミュニケーション時に会話が多岐にわたっても、あらかじめ話す内容やアプローチを各種準備しておくことができます。それは大変有用な武器となるのです。

①同質化対象を具体的にイメージ
②企業側・自分側の都合は一切考えない
③相手の立場で気にする要素は思い付く限り想像

④こちらが伝える内容は想定外に受け取られる

⑤業務環境・ライフスタイルまで想像の幅を広げる

1-4-2　武器2：影響力

　ビジネススキーマ活用力を発揮するための2つ目の武器は、「影響力」です。前述のスキーマ理解を進めるに当たっては、様々なステークホルダーやキーパーソンとの関係性（距離）を詰めていく必要があり、コミュニケーションを重ねる中で相手から信頼を得て、心をつかんでいかなければなりません。

　「自分は口下手だから自信が無い」という方も簡単に諦めないでください。一見するとコミュニケーションがうまそうな人はいますが、そういう人はよく見ると、「ただ口数多くしゃべっているだけ」であることが珍しくありません。多弁であることとコミュニケーションが上手なことは異なります。寡黙であっても、相手の懐に上手に入っていける人は多く存在します。

　「人の懐に入ること」は一つのスキルであり、意識して訓練を積むことで誰でも習得することができます。人々に及ぼす様々な影響力についてまとめた『影響力の武器－なぜ、人は動かされるのか』（ロバート・B・チャルディーニ著、誠信書房、日本語の初版1991年、最新第三版は2014年）という有名な書籍があります。初版発行は古いですが、心理学者である著者が「人々が他人に都合よく動かされてしまう要因」を突き詰めて厳選した6つの原理についてまとめており、現在でもとても役立つ本です。

①返報性‥‥‥‥‥施されたら施し返す

②一貫性‥‥‥‥‥小さな要求からのませ、大きな要求ものませる

③社会的証明‥‥‥人々が良いと言っているものは良い

④好意‥‥‥‥‥‥‥好意を持たれた相手の要求は断らない

⑤権威性‥‥‥‥‥権威があるものの要求は通りやすい

⑥希少性‥‥‥‥‥数が少ない希少性が高いものは貴重である

この6つの原理はビジネスのみならず、あらゆる場面で有効に機能します。ステークホルダーを巻き込む力が必須とされるビジネストランスレーターは、必ず知っておいた方がよい原理です。みなさんの身の回りで、いつの間にかスルスルっとステークホルダーの懐に入ってきて多くの人を巻き込んで動かしているような人は、このいずれかの原理を行使している可能性が高いです。一度に6個すべての原理を使うこともありますが、一般的には2、3の原理を組み合わせながら都度実践するケースが多いです。使い手によっても得意とする原理のタイプは異なりますので、日々実践しながら極めるといいでしょう。

以下、6つの原理を順に説明します。

①**返報性**

一般的に、人から何か便宜を図ってもらったり親切にしてもらったりしたら、よほど性格の悪い人でない限りお返しをしたくなるのが人情です。ビジネスの世界は情の介在する余地がないと思われがちですが、善意であると相手に思わせつつ、「借りをつくった」と認識させることは実はとても重要です。相手が面倒だと感じてやりたくない仕事を発見した際、自ら進んで手伝ってあげるだけで返報性の原理はすぐに効果を発揮します。「借り」と感じさせることがポイントで、「便利なやつ」と思われないようにさじ加減を調整しましょう。

　かつて筆者がソフトウエアの営業をしていた時代、ただ売るだけでなく、きちんとお客様が成果をすぐに出せるように導入や使い方のサポートを重点的に実施しました。今の時代でこそカスタマーサクセスとしてその有用性が認められていますが、当時は営業的に見ると非効率であるため周囲からは批判の声もありました。しかし、お客様はそれを恩義に感じて、その後も製品を買い続けてくれたり多くの知り合いを紹介してくれたりしたため、結果として大きな成果となって返ってきたのです。

　Xさんのケースでは、CRM部門長は経営層と現場社員の板挟みによって身動きがとれない状況でしたが、プロパー社員には意見をしづらい社長に対して中途専門人材ならではの立場を利用して意見を伝えたことで大きく流れが変わり感謝されました。重要なのは、XさんはあくまでCRM部門長の支援をしたいという一貫性のあるスタンスをとり、見返りを求めるそぶりは一切見せないことです。そのためXさんへの「借り」という印象を部門長に残すことができ、以後、CRM部門長からの信頼と協力を得ることができました。これは「返報性」を活用しています。

②一貫性

　人は一度決定した事項については意見を翻しにくいため、会話の中で小さなYESから徐々に大きなYESへと質問のレベルを上昇させていくことで、知らず知らずのうちに大きな要求をのんでいくことがあります。例えば、データ分析のプロジェクトに別部門の担当者を巻き込もうと思ったら

「そちらの部門の課題感はこれですよね」⇒YES
「もしこの課題が解消したら生産性は上がりますよね」⇒YES
「データ分析で誰もがこの課題を解決できたら便利ですよね」⇒YES
「データ分析をやってみましょうか」⇒YES

といった感じで、ちょっとずつYESを言わせることによって、相手の意思を一定の方向性に縛ります。この一貫性を活用するにはデータ分析といった専門分野の知見だけでなく、相手のドメインに関する詳細な知識を理解している必要があります。

③社会的証明

　人は自分自身の意思決定に自信が持てないときは他者の評価を参考にします。みなさんも食事や旅行先を選ぶ際、口コミサイトを参考にすることがあると思います。そのときスコアが高いお店やホテルであれば、とりあえずみんなが良いと言っているのだから良いだろうと安心し、その選択肢を選ぶ可能性が上がるのではないでしょうか。

　これはビジネス上のコミュニケーションにおいても同様です。筆者は、プロジェクトで他部門を巻き込まねばならないとき、情報網を使って徹底的に競合の状況を調べます。競合の状況を調べたうえで、仮に複数の競合他社が同じようなプロジェクトを実施していたり、最新ツールを導入したりしていた場合、そこをクローズアップした資料を作り、「競合が同じようなことをやって成果を上げているので当社もやらねば取り残される」と訴求します。すると焦りから聞く耳を持つ土壌が整ってくるのです。

　Xさんのケースでは、社長が業務フローの改革にAIなどを導入したいが迷っている状態に対して、外部専門人材の客観的な立場を活用して昨今の社会状況の流れ、競合他社の動きなどを説明し、ビジネスのスタンダードになりつつあることを説得材料として理解を得ました。これは「社会的証明」を活用しています。

④好意

　人は、好意を寄せてくれる相手や、共通項の多い相手には断りにくいという心理が働きます。例えば、高圧的な店主のレストランと、とても気遣いのできる店主のレストランに行ったことがあるとします。リピートするとしたら、味や価格に極端な違いがなければ恐らく後者のレストランにするのではないかと思います。ビジネスにおける人の関わりも同様で、接しているのは生身の人なわけですから「いけ好かないやつ」と思われてしまうことはマイナス以外の何物でもありません。

　特にビジネスにおける意思決定では数回のミーティングで判断をしなければならないケースも多々ありますので、最初の時点でいかに良い印象を残すかが成否を分けると言っても過言ではありません。ミーティングが終わった後に相手側がチームメンバー同士の会話の中で「～さん感じ良いよね」と言ってくれたらしめたものです。意外に軽視されがちですが、「笑う門には福来たる」ということわざにあるように、「笑顔」は相手の警戒心を下げる強力な武器になります。意識して常に自然な笑顔が作れるようになりましょう。

　筆者は百貨店で売り場を担当していた時、笑顔での接客が徹底されていたので、鏡を見ながら自然な笑顔の研究をしました。実際、お客様の反応は笑顔によって大きく変化することを学びました。

　共通項の多い相手にも同じ心理が働きます。もしコミュニケーションをとりたいステークホルダーの好きな音楽が分かったら、無理やりでもその音楽を徹底的に聞きこんでマニアックな話題についていけるレベルに昇華させるのです。そうして会話に臨めば、相手はこちらに好意的な印象を抱くはずです。一見するとデジタルとほど遠い地道で泥臭い行動が、目的実現の近道になることもありますので、徹底的にターゲットの情報を収集します。

⑤権威性

　人は専門家には弱い、ということです。何か大きな事件が発生した場合、テレビのワイドショーには「〜の専門家」たちが毎日のように登場することで視聴者の頭には「権威」として認識され、そうした人の意見に納得してしまうのです。

　DXのような新しい概念を会社内に持ち込むとき、必ずと言っていいほど「ジャマおじ」「ジャマおば」のような既得権を死守しようとする勢力との戦いになります。そのとき効果を発揮するのは、「外圧の利用」と「社内の権力構造を味方につける」ことです。「外圧の利用」とは、外部セミナーなどに登壇している専門家（あるいは、キーパーソンが一目置く媒体やインフルエンサー）の発言を引用することにより、持論の正当性を認めさせることなどです。社外で積極的に交流し、そのようなインフルエンサーとの関係を構築する努力も大切です。「社内の権力構造を味方につける」とは、抵抗勢力にとって直接的な評価者となる上長と良好な関係性を構築し、後押しをしてもらうことです。

　Xさんのケースでは、現場リーダーを説得するうえで、社長に認められた中途採用の専門人材というポジションを作り、CRM部門長にも公認された立場として接したところ、これまでのようなあからさまに否定的なスタンスをとられることなく、話し合いの席に着くことができました。これは「権威性」を活用しています。

⑥希少性

　自身の能力を高め、社内において希少な存在と認められるようにします。ただ物珍しいという希少性ではなく、社内の業務を遂行する際に自分の持っているスキルが重要であるという共通認識を作り、この業務であれば第一人者のあの人に任せよう、というキーパーソンになることを目指します。ハードルは非常に高いですが、最終的には人事部などを巻

き込み、そのようなスキルを持った人材を育成するプログラムを構築していくことができれば、あなたのスキルの価値は社内で普遍的なものとなります。その時点で、あなたはそのスキルの大家として認識されるようになりますので、発言に重みが増します。

　中途採用人材であればプロパーよりも人事部と近い関係にあるケースが多いため、意識的にスキルをアピールしつつ、関係構築を心がけていきましょう。筆者自身、転職時の条件面談などを利用し、その流れをつくるようにしています。また、外部の有識者を効果的に用いることも重要です。

1-4-3　武器3：行動力

　ビジネススキーマ力を高めるための最後の武器は「行動力」です。これは言い換えると、「やるべき時にやることができるかどうか」ということです。他の2つの武器と比べるとシンプルですが、この武器を持っているかどうかが、ビジネスパーソンとして大成するかどうかを明確に分けると言っても過言ではありません。

「大きな行動をする機会」はチャンス

　理屈上はやるべきだと思っていても、おかしいと思っていても、「この場では言ってはダメかも」「迷惑がかかるかも」「恥をかきたくない」「やめておこう」とためらい、消極的な方向に思考し、肝心の場面で行動に移すことができなかったことがある人は、非常に多いと思います。その気持ちは痛いほどよく分かります。その場が大きな場であればあるほど、この後に起こるハレーションが大きなものであればあるほど、行動や発言には勇気を伴うものです。

　しかし、ビジネスで「大きな行動をする機会」は何度も巡ってくるも

のではありません。そもそも機会が巡ってくるとも限りません。役員層に組織改革の必要性を訴える、取引先に契約条件の変更を要求する、誰も止めない怪しい案件を止める、本社の立場では真の理解は得られないと思い現場に飛び込むなど、いずれも実際に行うには勇気が要ることですが、そもそもそのような提案できる機会があるだけでも幸運かもしれません。使い古された言葉ですが「幸運の女神は前髪しかない」という言葉は、ビジネスにおいてはよく実感する真実であると筆者は考えます。厳しい言葉となりますが、踏み込むべき時に踏み込めない人に成功は訪れません。あったとしても、行動した他の誰かのおこぼれによるものだけです。

勇気と蛮勇を分かつもの

　一方で、だからといって機会があればいつでも行動を起こすべきだ、と短絡的に判断するのも間違っています。勇気は確かに必要なのですが蛮勇ではダメなのです。それが真の勇気か蛮勇かは、事前に正しく「情報」を得て「準備」をしているかどうかによります。すなわち、情報と準備なき行動や決断は蛮勇なのです。

　具体的な「情報」「準備」について、いくつか例を説明します。まず、行動を示す相手や提案先（以降、意思決定者とします）に関してあらかじめ「志向」「機嫌」の情報を得ておきます。

　「志向」とは、どういう態度や提案を好むか、過去に否決されて感情を害した提案やコミュニケーションはどのようなものであったか、情報を探ります。接点が多くあれば普段からの言動を観察することで大まかに分かりますが、あまり接点がない相手の場合は、その意思決定者と接点がある方とまずは関係性を築きます。前節で、XさんがベテランのCRM部門長と昼食や悩み事相談を通じて関係性を築き、意思決定者の情報を引き出すことができる環境をつくったのはまさにその具体例とな

ります。

　「機嫌」はその名の通りです。その日その時の状況によって異なる短期スパンの情報となるため、普段から意思決定者の近くにいるメンバーと情報をやりとりできる状況をつくっておく必要があります。機嫌はその時の生ものであるため完全に把握することはできませんが、少なくとも、経営会議の後はいつも解放感で機嫌が良い、毎月20日は幹部会があるためその前数日間はピリピリしているなどの傾向がある場合は、きちんと把握しておきたいところです。

相手が納得しやすい環境をつくる

　次に大事なことは、相手が納得しやすい環境をつくることです。他社の動向や世の中一般の状況を客観的事実として示したり、現場の声として問題視している社員が増えていることを示したりして、多数派であることを示します。このあたりは影響力の武器でも述べた点です。単に伝えたいことだけを伝えるのではなく、相手が振り下ろしやすい意思決定の着地点をつくっておき、そこに持っていくことが重要です。また、行動を起こす前にそもそもとして、意思決定者との良い関係性をつくっておくこともできる限り試みましょう。言うほど容易ではありませんが、相手のスキーマを理解し、ペイン（相手の抱える課題・求めるもの）を解決することで関係性をぐっと踏み込んだ距離に縮めることができます。

　ここで既にお気づきの方もおられると思いますが、本項で説明している内容は、まさに前節のビジネススキーマ活用そのものです。プロジェクト全体の中でビジネススキーマ活用を進めるには行動力の武器が必要であり、行動力の武器を行使するためには個々人とのコミュニケーションにおいてビジネススキーマ（ここでは個人スキーマ）を活用し関係性を紡いでいくことが必要となります。この循環を正しく回していくことが重要なのです。

そして、最後は「覚悟」です。コミュニケーションに絶対はありません。情報を得て準備をすることで成功確率は高まりますが、最終的にうまくいくかどうかを確約するものではありません。最後の最後は「腹をくくる」こともまた必要です。

きちんとステップを踏むことで誰もが使える

再掲となりますが、ビジネストランスレーターのスキルの1つ目である「ビジネススキーマ」を習得・活用するコツとして、「3つのステップ」と「3つの武器」の全体図を示します（**図表1-19**）。

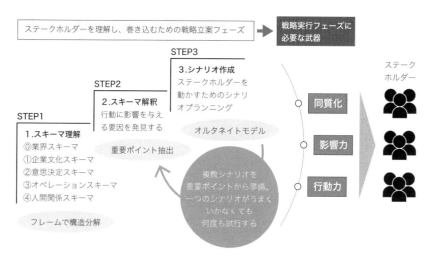

図表1-19　ビジネススキーマ活用力の全体像（図表1-1再掲）

Xさんの追体験を通して、これまでの説明をいま一度振り返りましょう。Xさんはビジネススキーマの5つのフレームを使い、組織とステークホルダー（社長・CRM部長・現場リーダー）を要素分解しました（ステップ1）。次に、分解要素からボトルネックやステークホルダーのギャップとなっている部分を深掘りして攻め手を考え（ステップ2）、オルタネイトモデルを用いて各ステークホルダーに対する攻め手を具体的

なシナリオに落とし込みました（ステップ3）。その後は、3つの武器（同質化・影響力・行動力）を用いて、CRM部門長⇒社長⇒現場リーダーの順で攻略し、データ分析プロジェクトの実現に至りました。

　データ分析のDemandを引き出すにはコミュニケーション術や巻き込み術が必要であり、それは先天的な才能と思われがちですが、この図のステップをきちんと踏むことで誰もが使えるようになるのです。

第 2 章

ビジネストランスレータースキル2
「プロジェクト遂行力」

2-1 関係者をデータ分析プロジェクトに巻き込む力

第1章ではビジネススキーマ活用力を紹介しました。この力を身に付けることで、関係者をデータ分析プロジェクトに巻き込むことができます。そうすることでデータ分析プロジェクトは単なる個人の意向ではなく、関係者による共通プロジェクトとなり、プロジェクトがようやくスタートしたと言えます。しかし、これまで何度もお伝えしてきたように、データ分析プロジェクトは実践につながらなければ意味がありません。

2-1-1 4つの実践力

ビジネストランスレーターは、目的達成に向けて関係者を導き、問題の本質を引き出し、データ分析結果を形にすることで、正しいビジネスゴールへとプロジェクトを導きます。そのための具体的な推進力が「プロジェクト遂行力」です。

「プロジェクト遂行力」の一番のポイントは、関係者をプロジェクトの完了まで巻き込み続けることです。仮説立案・分析設計・施策実行まで、たった一人で完遂することはまずなく、複数の関係者がいます。データ分析結果を施策に落とし込むということは、これまで行ってきた業務を変えるということです。既存の業務を変えるには大きなパワーが必要です。

プロジェクト成功のためには、関係者がなんとなく参加するのではなく、一人ひとりが全体の目的達成や成果最大化に向けて積極的に、前向きに、実行・実践していく環境をつくることが重要です。当然ながら、自然とそのような環境が生まれることはありません。理想的な環境を導

くためのリーダーシップが求められます。

　例えば、AIやDXと名の付くプロジェクトが成功するかどうかは、プロジェクトを取り巻くメンバーの関与度や理解度が大きく影響します。AIにも得意・不得意領域があります。テクノロジーベンダーは最新技術をアピールして「AIで課題解決をしましょう」と提案してきますが、机上のシミュレーションで成功する青写真は描けても、実務の現場では様々な部門の課題を一つひとつ調整したうえで、現場第一線にAI技術を展開・配備する必要があります。当然、容易ではありません。筆者が複数のデータ分析プロジェクトを見てきた限りでは、成果を出すべき方向性や思いが関係者間で正しく一致した場合に限って、プロジェクトは成功しているように思います。

　データ分析プロジェクトチームには社内外のメンバーが参加するケースも多く、メンバーが多いと意見が交錯して発散しがちです。収束と発散を繰り返しながらチームを導き、大きなビジネスインパクトを生む意思決定活動へと昇華させるのがビジネストランスレーターの役回りです。そのためにビジネストランスレーターは、プロジェクト内の人間関係や部門調整を実施し、意識のベクトルを合わせていくのです。

　日本を代表する経営学者である野中郁次郎先生は『野性の経営 極限のリーダーシップが未来を変える』（KADOKAWA、2022年）において、実践につなげるリーダーシップの本質的要件として、次の6つを挙げています。

「善い目的をつくる」
「場をタイムリーにつくる」
「現場で本質直観する」

「本質を物語る」
「物語り実現に向けて、政治力を行使する」
「実践知を育む、組織化する」

　この本質的要件を参考に、筆者はデータ分析プロジェクトを推進するに当たり必要な遂行力を整理しました。それが次の4つになります。

実践力（1）目的管理：関係者の間に立って目的のズレを防ぐ
実践力（2）戮力協心：関係者の本音・協力を引き出し、関係性を
　　　　　　　　　　　築く
実践力（3）現場共感：ビジネス現場やお客様の感覚を肌で理解す
　　　　　　　　　　　る
実践力（4）本質深掘：課題の本質を理解する

　データ分析プロジェクトでは、関係者がそれぞれ別の思惑で動いてしまうと、実践につながらなくなってしまいます。それを防ぐために、皆が向くべき方向を合わせ（目的管理）、建前は捨て本音で言い合える関係性をつくり（戮力協心）、背景にある環境や暗黙知を正しく理解し（現場共感）、得た情報から課題の本質を整理したうえで（本質深掘）、実践へとつなげていきます。

　これら4つの実践力について順番に説明します。

2-1-2 実践力（1）目的管理：関係者の間に立って 目的のズレを防ぐ

　ビジネストランスレーターは、ビジネス現場とデータ分析者の間に立ってプロジェクト全体を正しく進めていく役割を担います。表立ってリーダーの立ち位置になるかどうかは別として、自然とマネジメントスキルやリーダーシップに近いスキルが必要となります。

　米国の経営学者であるチェスター・バーナードは、組織成立の3要素の1つに「共通の目標」を挙げました。また、経営論（マネジメント）では、ビジョンを従業員や顧客・取引先などのステークホルダーに示すことの重要性が強く説かれます。ビジネストランスレーターは、組織や企業を預かる立場ではありませんが「皆が同じ方向性を向き成果が最大化するよう尽力する」という点では共通しています。すなわち、ビジネストランスレーターは、関係者に対して本プロジェクトが目指す姿を常に示し続け、取り組んでいる内容がおかしな方向にいかないよう全体をコントロールすることが、第一に求められるのです。

「目的」（Demand）を正しく設定する

　そのためには、「正しい目的（Demand）」でなければなりません。目的は、関係者が共に同じ方向を目指すための指針となるものです。関係者から「確かな共感」を得られるものでないといけないのです。

　しかし実際は、データ分析の依頼者から言われた内容そのままであったり、思い込みで「こういう需要があるに違いない」と決めつけてしまったりしていることが少なくありません。特に、企業上層部で実施することが決まったデータ分析プロジェクトは、テーマが曖昧で、プロジェクトに取り組むことだけが決まっているケースがよくあります。役職の高い方が打ち合わせの中であくまで一案として思い付きで言った課題テーマが、部下の忖度によって、まるで長年会社の最重要課題であったかの

ように絶対視されて取り上げられ、結果として本当の課題から遠ざかってしまう、ということはよくある話です。

　そもそも、何が一番の課題なのか、ビジネス現場の担当者も具体的に把握できていないケースはよくあります。例えば、急に上司から「データ分析チームに現状改善の依頼を出せ」と指示を受けたら、ビジネス担当者は会社の中期計画などを踏まえ、なんとなくそれらしい課題を挙げてデータ分析チームに伝えるでしょう。データ分析チームはそのような背景を知ることなく、伝えられた課題が依頼元組織の総意であると思い込んで分析作業に取り組み、そして、どこかのタイミングでギャップが判明してプロジェクトは破綻するのです。

　ビジネストランスレーターは「ビジネス担当者が言ったから」を免罪符にしてはいけないのです。またビジネス担当者は、データ分析者が当該ビジネスの機微をよく知っているわけではなく、自分たちの会話の何気ない発言を重要事項と誤認し、ビジネス現場が求めていない分析課題に取り組んでしまう可能性があることを認識して発言には注意しましょう。

　「正しい目的（Demand）」には2種類あります。

正しい目的 1「ウォンツの Demand」

　1つ目は、ビジネス担当者にとって「すぐに刺さる課題」であることです。言い換えれば、ビジネス担当者が解決できたらうれしいと思える目前の課題こそが「正しい目的（Demand）である」という考え方です。ビジネス担当者がデータ分析で解決したい課題を明確に持っていない場合や、データ分析の活用自体にあまり期待を抱いていない場合など、ビジネス現場側に強い意向（Will）がない分析プロジェクトは多くあります。そのようなプロジェクトでは、データ分析を進めるのにビジネス担当者が協力的ではなかったり、分析作業自体は協力してくれても分析結

果による改善提案の実行には非協力的であったりします。

　ビジネス現場の担当者にとっては、自分たちが特段課題とも思っていなかったことをあえて解決する提案を受けてもうれしくありません。うれしくないどころか、既存のやり方を変えることは非常に面倒なことであるため強い抵抗感を持つことでしょう。わざわざ問題にもなっていないことをなぜ取り上げる必要があるのか、と思うのはごく自然の感覚です。結果として、議論はその場限りで終わり、分析提案は使われないまま眠ることとなります。

　ビジネス担当者にとって「刺さる」分析課題を提起した場合の反応は全く違います。「まさにそこなんだよ！」「ぜひ、その課題を解決してほしい！」などと、非常に熱い期待の言葉が飛び出し、「必要な協力はいくらでもするから言ってくれ」と申し出ていただくことも少なくありません。そうした目的（Demand）を「ウォンツのDemand」と呼びます。ウォンツのDemandは、クイックウィン（初期段階における成功実績）につながります。小さい分析実績を作って示し、ビジネス改善において有用であることをビジネス担当者に認識・実感していただくことはとても重要です。

正しい目的2「ニーズのDemand」

　2つ目は、ビジネス状況を適切に改善する課題こそが「正しい目的（Demand）である」という考え方です。ビジネスとして展開する事業が置かれた状況を正しく理解し、業績改善に最も有効な課題を見抜き、適切な改善提案に落とし込むことは、正しい目的設定であると言えるでしょう。これは前段の「ウォンツのDemand」に対して「ニーズのDemand」と呼びます。事業におけるボトルネックの改善を企図した課題設定であり、本質的な課題であると言えます。

　「ウォンツのDemand」は明確に要求する人がいますので、分析により導くべきインサイトや、その先の活用方法を事前に確認することができます。それに対して「ニーズのDemand」は、事業を担当しているビジネス現場の担当者でも実はきちんとその課題を理解できていない可能性があります。そのため、まずはその課題が事業においてどういう位置づけにあり、なぜ優先的に対応する必要があるのか、その事業背景をビジネス担当者に正しく示し、それを改善することでどのような効果が見込まれるか、その期待効果までをプロジェクト関係者全員の共通知とすることが重要となります。この点を怠ると、やがて行き詰まったときに各参加者は「自分たちはなぜこのプロジェクトに取り組んでいるのか」と考え、各担当者にとっての優先順位を下げてしまうということにつながりますので注意が必要です。

「ゴール」にこだわる

　長期のデータ分析プロジェクトでは、目指す姿や目的がいつの間にか関係者の間でズレてしまうことがよくあります。プロジェクト開始当初は、まだデータ分析結果は何も出ておらず、それどころか活用するデータの中身の確認すら十分ではありません。

　目的（Demand）を関係者で合意する際、データ分析者は「恐らくこういうデータがあるだろう」「こういう分析ができるはず」と想定するものですが、実際データを見てみたら思っていたことと違う、思ったような分析結果が出ず方向性を変える必要がある、ということが起こります。一方でビジネス担当者は、分析結果として具体的にどのようなアウトプットが出るか分からないため、それをどう施策に活用するかのイメージを持たないまま、結果が出てから考えればよいだろうと大まかにDemandに合意し、のちに施策反映のタイミングでその難しさに気づき慌てるのです。そのような場合に起こり得ることは大きく2つです。

1つは、分析都合あるいはビジネス都合から「できない」という問題提起が行われ、できる範囲の着地に落ち着いてしまうことです。データ分析者が「これは〇〇だからできない」と言ったり、ビジネス担当者が「これは運用上〇〇できない」と言ったりすると、彼・彼女らを超える専門知識・ビジネススキーマを理解した人がいないため、誰も反論することも代案を出すこともできないという状況に陥るのです。その結果、当初合意したDemandは破棄され、元の目的から大きく離れたDemandとして再整理されます。

　ビジネストランスレーターは、本当にDemandを変更してしまって問題ないか、本当に「できない」を解決する方法がないか、粘り強くこだわる必要があります。一流のビジネストランスレーターは、「できない」と問題提起する人に一定の理解を示しつつ、社内外のメンバーとコミュニケーションをとって実践的アプローチと科学的なアプローチを重ね合わせ、各関係者に「そんなの無茶ですよ」「意味がないですよ」と言われながらも、課題を解きほぐして簡単な課題に帰着させ、解決の糸口を探し続けます。現状の環境では難しくても、考え方を変えたり、新しい軸を導入したりすれば解決の道筋が見えてくることもあります。そのような新しい軸・新しい発想は、既存知識にとらわれない非専門人材の人によってもたらされることもあります。ビジネストランスレーターは簡単に諦めず、Demand達成に向けて困難な課題にこだわりをもって取り組みましょう。

　その一方で、なおも達成が困難な場合は、本当にDemandを矮小化させてでも分析プロジェクトを継続すべきか、客観的な視点での判断も必要です。一度始めてしまったからという理由で、惰性的に意味のないプロジェクトを継続することは、関係者の不信を招き次の分析プロジェクトにも影響します。プロジェクトの中断は誰もが言い出しづらいことであるため、ビジネストランスレーターこそがあえてその役割を担うべき

でしょう。中断により作業が無駄になってしまった担当者に対しては、特に丁寧な説明と手厚いフォローを行います。

　もう1つの起こり得ることは、当初設定したDemandを各関係者が自分たちに都合良い形で解釈し直してしまい、結果として関係者間で認識が合わずけんか別れでプロジェクトが終了してしまうことです。あらかじめ定めた目標や実施内容が抽象的で複数の解釈余地がある場合、各関係者はそれぞれ自分たちの業務のスキーマに基づき「○○と書かれているのはこういうことである」と解釈し、悪意なく認識差が生じることがあります。また、自分たちの責務やハードルを下げるために意図的に別解釈を行う場合もあります。

　そうした事態を避けるには、Demandを定める際に抽象的な表現で設定するのではなく、達成できたときの具体イメージを共有し、そのことを議事録などに残すのです。つまり、後から「そのような認識ではなかった」と言えない状況をつくっておくのです。できる限り認識を共通化しておくことが望まれます。この点については、本章の「(4) 本質深掘」で詳述します。

2-1-3　実践力 (2) 戮力協心：関係者の本音・協力を引き出し、関係性を築く

　どのような案件においても、プロジェクトの関係者にはそれぞれの立場や目的があり、それらが完全に一致することは決してありません。場合によっては、各所属組織を代表する立場としてプロジェクトに参加し、それぞれが相反する利害関係者となることも少なくありません。ビジネストランスレーターは成果の最大化に向けて、そのような各関係者を取りまとめていく必要があります。

「ワイガヤ」で距離を縮める

　野中先生が提唱されている「実践知リーダーシップ」では、各関係者の間で経験と主観を共有し、共感を得るための「場をつくる」ことが必要であるとしています。その際、「ワイガヤ」という議論手法が語られます。

　「ワイガヤ」とは、職種や年齢などの立場を忘れ、テーマや課題を決め、多人数でワイワイガヤガヤと自由な発想で議論を交わすことを指します。制約をつけず発散的で自由な議論を行うことにより、守るべき自身の立場を一度忘れ、ポジショントークのない環境でコミュニケーションを図るのです。「さらけ出す」ことが重要で、人は一度本心をさらした相手に対しては距離がぐっと近づきます。その結果、高圧的な態度をとるメンバーは減り、プロジェクトメンバーの心理的安全性は担保され、プロジェクト開始後にちょっとした問題が起きた際には、皆の共通課題としてまたワイガヤで意見交換がすぐできる環境を醸成します。

　加えて、このような本音の場においてこそ、ビジネス現場の担当者が長年の経験に基づいて持っている仮説や意見、すなわちビジネススキーマを言葉として引き出すことができます。データ分析者は、ワイガヤの議論で得られた仮説が実際のデータ上にどのように表れているかを確認し、それをフィードバックすることでさらにPDCAを回していきます。このフェーズを介することなく分析作業に入ると、データ分析者は仮説のあたりをつけることができず、データの切り口と指標の無限の組み合わせをあれこれ試すことになります。

　ワイガヤを行う際は、キーパーソンのうち、特に普段話すことがない立場の方、接点のない部門、役職や年齢の離れた方と話す機会を意識的につくります。繰り返しますが、一度も話したことがない人と会話を交わしたことがある人では、その後ビジネス上必要になったときの話のしやすさは段違いです。

　ワイガヤの実施方法としては、プロジェクトのキックオフの場において少し多めの時間をとり、プロジェクトの目的を全員で共通化した後の残り時間で実施するのがよいでしょう。「飲みニケーション」という言葉が前時代的な位置づけになって久しいですが、もともとそのような飲み会はまさにこのワイガヤと同じ目的で行われていました。今でも飲み会によるコミュニケーションは非常に有用ですが、ライフスタイルの多様化により飲み会への参加を望まない方も増えてきました。あくまで飲み会を行うことありきではなく、キーパーソンの本音を最も引き出せそうな場が飲み会であると判断できる場合において、飲み会を有効的に活用します。

　本来の目的からすれば、ワイガヤにおいても飲み会においても、役職が高い方やベテランの方こそ、参加者が気軽な環境で本音を言える雰囲気をつくるために徹底的に気を使わなければなりません。JTC（伝統的な日本企業）にありがちな「他者に気を使わせ、話をするのは自分ばかりで自己満足で終わってしまう」のは、本来の目的から外れた行動です。参加者が気を使わず済むよう常に心配りを欠かさず、皆の話が盛り上がり途切れることがないよう、適切なファシリテーションを行って場を管理する役割が、ビジネストランスレーターや高役職のリーダーには求められます。

　ワイガヤを行う場合は、その場で最も本音を引き出したいキーパーソンは誰か（通常は複数）をあらかじめ確認しておきます。一人で好き勝手に話をして場を乱しそうなメンバーは別グループに分けたり、あらかじめ「今回の目的はキーパーソンの方から本音を引き出し、距離を縮めることである」とその方に率直に伝えて協力を求めたりします。

　また、自チームのメンバー、特に役職や信頼度が高く発言力がある方には、一人の参加者としてではなく、場を盛り上げる側の人として意識

して参加いただくよう依頼すべきでしょう。ビジネストランスレーター
が何も言わなければ、彼らは一人の参加者として振る舞ってしまいます。

　ワイガヤはZoomなどのウェブ会議ツールを用いることは極力避け、
できる限り対面で小グループごとに実施するようにします。そう言う
と、飲みニケーションといい、対面会議といい、筆者たちが昔ながらの
保守的な考えにとらわれているように誤解されそうですが、これには理
由があります。

　Zoomなどのウェブ会議はどれだけ人数がいても1人ずつしか発言が
できないことが問題なのです。ワイガヤはできる限り制約を設けたくあ
りません。ワイガヤでは気軽に発言できる環境をつくりたいのですが、
大人数会議ではタイミングを見て会話の間に入り込むことが簡単ではあ
りません。結果として、もともと会話力がある方の発言ばかり多くな
り、あまり積極的ではない方の意見は自然と聞くことができなくなるの
です。

　さらに、数人相手であればぶっちゃけた話もできますが、大人数に対
しては言いにくいことも多くあります。そのような点で言えば、座席の
配置は重要です。ロの字型の大会議室で議論せず、机の島を複数作る方
がいいでしょう。ウェブ会議であれば、ブレイクアウトルームでグルー
プ分けしたりして、議論や意見交換を活性化させることがポイントです。

関係者と信頼関係を築く

　ビジネストランスレーターは、まず関係者との間にラポール（親密な
信頼関係）を築きます。第1章の場合と異なり注意が必要なことは、実
践におけるキーパーソンは意思決定のキーパーソンだけではなく、それ
よりも多岐にわたる可能性があることです。特にデータ分析プロジェク
トにおいては、「データの番人」と呼ばれる、この人にお願いしなけれ

ばそもそものデータが取得できない、という方がいるものです。多くの企業は、必要なデータを誰もが容易に入手できる環境があるわけではありません。データが1カ所にまとまっておらず、個別に抽出作業を行い、それらをひも付ける必要があります。そのアクセス権と抽出スキルを持っている人は限られています。そのような「データの番人」とラポールを築くことが重要です。

　また、「ビジネス現場」との間でも同様にラポールを築くことが必要となります。ビジネス現場とは、小売業界であれば現場第一線の店舗担当者やバイヤー、マーケティング業界であればコンバージョンを向上させるために出稿計画を練っている担当者たちです。特に、店長や広告予算権限を持つ部門長などのリーダーレイヤーに対して、相手の目線でペインポイントを共感し、解決したい課題を提示して合意することが大事です。具体の取り組みについては次項で詳しく触れます。

2-1-4　実践力 (3) 現場共感：ビジネス現場やお客様の感覚を肌で理解する

　イノベーションを起こすためにビジネスモデルキャンバスの100本ノックで多数のビジネスを学び、毎週アイデアを出し合う会議を定例で行っている企業があるといいます。なるほど、大人数でアイディエーションすることにより、たくさんのアイデアが集まることでしょう。

アイデアはアイデアのまま終わる

　しかし、ドラッカーがその著作『プロフェッショナルの条件』(日本語訳、ダイヤモンド社、2000年)において、「私自身、ひらめきが実を結んだのを見たことがない。アイデアはアイデアのまま終わる」と書いているように、会議の議論で出たアイデアや思い付きが、そのまま成功やイノベーションにつながった例を筆者は見たことがありません。思い付

きだけでは、その先の具体化のタイミングで関係者やお客様の共感を得ることができず、次のステップに踏み出せないのです。

　誤解が無いよう補足したいのですが、「みんなでアイデアを言い合うことに意味がない」と言っているわけではありません。『プロフェッショナルの条件』の続きには、「イノベーションに成功する者は右脳と左脳の両方を使う。数字を見るとともに、人を見る。いかなるイノベーションが必要か分析をもって知った後、外に出て、知覚をもって客や利用者を知る。知覚をもって、彼らの期待、価値、ニーズを知る。」とあります。ここでいう「知覚」とは「スキーマ」とほぼ同義であると考えてよいでしょう。

　ポイントは、アイデアだけではなく、データにより得たインサイトと、現場や人を観察して得たスキーマ、それらを加えた先に本当に把握すべき価値があるということです。アイデアだけで組み立てた説明には説得力がありません。インサイトがあれば数値的な根拠となりますが、いかに論理的に正しい説明であっても直観的な違和感が伴えば決して納得には至らないものです。

　これはイノベーションの話だけではなく、データ分析プロジェクトにおいても同様です。課題の本質は、作業を行うビジネス現場や、価値を享受するお客様の実際の感覚の中にあるからです。導き出したアイデアとインサイトを基に仮説を立て、それをもって現場に飛び込み、仮説が正しいかどうか検証するとともに、見えていなかった現場の実態やスキーマを確認し、より精緻な仮説に磨き上げるのです（**図表2-1**）。

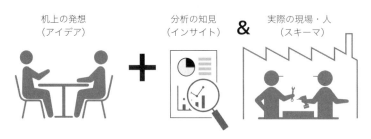

図表2-1 インサイトとスキーマでアイデアをより精緻な仮説に変える

ビジネスを肌で感じる

　データ分析プロジェクトをスタートする際、現場感の把握が大事であることは第1章でも述べていますが、データ分析結果をビジネスにつなげていく段階においても、現場が抱えるペインを把握しておくことは重要です。筆者は新しいデータ分析プロジェクトに取り組む際、まずはドメイン知識強化のための情報収集、データの可視化による概要理解（基礎集計と、実務担当者への自分の考察内容のすり合わせ）からスタートします。

　情報収集では、消費者の観点で事業を理解するために店舗に出向いたり、実際にサービスを契約したりします。ビジネス施策の改善提案を行う場合は、現場に赴いて、施策管理者・作業者の観点で実際の作業を見学させてもらいます。

　例えば、ECサイトのアクセス解析などのデータを分析するプロジェクトの場合、まずはECサイトで取り扱う商品の理解に始まり、ECサイトに顧客を誘導する導線、支払い情報を入力するエントリーフォームなどのサイト構成要素を消費者の立場で体験し、それらを理解してからデータを見てボトルネックを探すという分析に着手します。

　消費者として体験する際、何も考えずに単に商品を買ってみるのでは

意味がありません。実際に購入を検討する消費者はどのような背景があって欲しいと思うのか、その場合、どのような検索ワードで情報を調べ、比較サイトなどを通じて当該ECサイトにたどり着くのかなど、完全に消費者になりきって体験します。

　対象商品を買うときも、一度頭の中をリセットして初めてサイトに訪問した感覚で商品検索し、必要性を財布と相談し、カートに商品を入れて購入ボタンを押すか悩みます。購入後に届くサンキューメールは、丁寧に一字一句確認しません。すべての文章を読んでくれる消費者はほぼいないからです。興味を引く箇所だけ見て、どのあたりで関心を失うかを注意して記録します。商品が届き段ボールを開けたときの感覚・感情も、意識して覚えておきます。

　そこまで行ったうえでデータを分析すると、「なぜ○○の商品がよく売れ△△の商品が売れていないのか」「このページでお客様がなぜ離脱するのか」など、数値の情報と感覚の情報がひも付いて分かるようになります。このような現場共感に加えて、過去に分析実績があれば当時のレポートを集め、どんな分析をして、どんな示唆を出してきたのかを確認します。筆者は一貫してこうしたスタイルを貫いてきたので、データ分析者として事業会社の案件に参加した際には、「あなたはウチの社員ですか？」とのありがたいコメントを頂くことがありました。

　データ分析プロジェクトは、最初にシンプルな集計から始めることが通常です。そうした集計でも「実店舗においては雨の日に売り上げが落ちる」「夏にエアコンがよく壊れる」などのインサイトが得られます。駆け出しの頃は、浅いインサイトでも鬼の首を取ったかのようにお客さんにレポートしていたのですが、現場の第一線にいる担当者から見れば、当たり前のインサイト過ぎて、そのようなことをレポートしてもあまり価値として感じてもらえませんでした。

　さらに相手も人なので「そのようなことは知っていますよ」と明確に指摘をしてくれるとは限らず、愛想笑いで「良い分析をありがとうございます」と言われて終わるケースもよくありました。そのような場合、データ分析の結果がビジネス現場の担当者にとって満足いく内容になっていなくても、データ分析者やビジネストランスレーターは気づかず、ただ無駄な作業を進めてしまうことになります。現場と感覚が乖離したままの状態で進めると、分析作業が意味のないものであっても気づくことすらできないのです。

　ビジネス担当者と対話する際は、データ集計レポートを見ながら、暗黙知を引き出すことを意識して対話することをお勧めします。そうすることで、明言化されていない勘所やマニュアル化されていないノウハウを概念として理解します。その際は知ったかぶることなく、ビジネス担当者の方にそれらを「教えていただく」という気持ちで臨みます。現場ビジネスの暗黙知は、現場の担当者が最もよく知っており、突然関与することになったデータ分析者やビジネストランスレーターが短期間で同レベルの理解に追い付くことは到底無理なのです。第1章で述べたようなスキーマ理解と、それに基づくコミュニケーションを通じて、ビジネス現場との共感性を高めることがポイントになります。

実践事例

　現場共感の実践事例を見てみましょう。Ｙさんは食品製造の会社に勤務しており、データ分析を通じてある商品の売り上げを改善するよう命じられました。簡単な傾向分析の流れは以下のようになるでしょう。

①営業部の担当者であるＹさんは、自社カレー商品を卸している小売店舗の売上向上について相談され、その店舗の食品売り場担当者にヒアリングの約束を取り付けました。

②（食品製造会社の）データ部の担当者に依頼し、ID-POSデータを用いて当該小売店舗の日次/週次の売上推移、商品や購入者の販売傾向など、簡単な基礎集計レポートをまとめてもらいました。

③基礎集計レポートは「第3金曜日にカレーの売り上げが増えている」ことを示しており、ヒアリングでは売り場担当者から「確かに金曜日に、保育園帰りと思われる子連れ客がよくカレーを買っていくのを見かける」との回答。レポートデータが現場感覚と相違ないことを確認するとともに、新たな仮説につながる新情報が得られました。

④Yさんは集計データを基に、ヒアリング結果と自身の経験から「この店舗は保育園も近く、財布の中身が少ない給料日前の金曜日に、手軽に作れて子供も大好きなカレールーが売れているのではないか」との仮説を立てます。

⑤Yさんはその仮説を検証するため、カレーの販売データを使って曜日別×購入者年代別の集計をデータ部の担当者へ依頼します。結果、仮説通り「子持ち世帯と思われる30代、40代は第3金曜日にカレーの購入点数が増える」ことを確認することができました。さらに、売れている商品は普段の傾向とは異なり、圧倒的に甘口が多いことも分かりました。

⑥Yさんは、ヒアリングした食品売り場担当者と、分析結果に違和感がないことを確認して打ち手を相談します。Yさんはデータを基に、「子持ち世帯向けをターゲットとして、給料日前の金曜日にカレー用具材を並べた特設コーナーを設置してカレーの日を訴求すること」「甘口カレーにも合う子供向けソーセージ

などの商品を近くに置き、ついで買いを促すこと」を提案。それら提案を参考に、売り場担当者がテスト企画をまとめます。

⑦上司である営業部の部長に、Yさんは分析結果報告とともに、売り場担当者が考えたテスト施策の企画を説明し、効果が出れば似た環境の他店舗へも同様の提案をすることで合意しました。

　実際に分析案件を遂行していくには、営業担当者や売り場担当者からヒアリングする場を設定してもらい、あらかじめ基礎集計を可視化したものと仮説を用意してヒアリングに臨みます。そして分析に取りかかる前に取り得る解決策の洗い出しを事前に行います。さらに、キーパーソンを把握したうえでレポートを作成し、設定した落としどころへと導きます。

　大事なのは、テスト前の段階で各種スキーマの理解を深めて内容を点検し、プロジェクトがきちんと機能すること（＝ビジネスインパクトが発生すること）の確認です。この事例でいうと、⑥の場面で、現場のメンバーとデータ分析結果に基づくビジネスアクションまでの合意ができるとスムーズです。レポートができたとしても、アクションにつながらないようであれば、無駄な時間とリソースをかけてしまうことになります。それを避けるためにも、プロジェクトの早い段階で、意思決定スキーマとオペレーションスキーマを意識して、誰に分析結果を伝えることで意思決定でき、その意思決定の結果、現場がその通りに動くのか確認する必要があります。

「雨の日には売り上げが下がる」という会話からでいい
　慣れていない方は、ビジネス現場の担当者とどのような会話をすれば

よいか戸惑うことがあるかもしれません。一般的に、会話のネタに困ったら天気の話をすればよいという話があります。データ分析プロジェクトにおいては、可視化した基礎集計データがその際の会話のきっかけになってくれます。何を話すべきか困った場合、まずその基礎集計データの話をしたうえで、そこから実際のビジネスの話に広げていくのも一手です。

　もし天気情報で集計したデータが手元にあるようであれば、小売店の方とは「晴れの日に小売店の売り上げが上がりますね」とか、ECサイトの方とは「リアル店舗と違って雨の日はむしろ売り上げが上がるのですね」など、データ集計結果を眺めていて気づいたインサイトから現場担当者に質問を投げかけ、それに対する反応から現場感覚やドメイン知識を吸収していくのです。

　そのような会話を繰り返していると、現場の担当者は自分の直観と近いデータ分析結果に対しては共感を抱き、逆に自分の感覚にないデータに対して興味や関心を持つことでしょう。「天気別の平均の売り上げは見たことがないけれど、実際のデータではどうなっているの？」など、自然と現場担当者は分析によって何ができるのか、どういうことを調べることができるのかについて興味を抱くようになり、そのようなやりとりを通じて信頼関係（ラポール）が築かれ、共通の理解に基づいて目指す具体的な着地点を見いだすことができるようになります。

　現場担当者から得た反応を基に再度仮説を立て、新たな切り口で集計や分析を実施します。そしてまた現場担当者にそこで得たインサイトをぶつけるのです。このようなやりとりを繰り返していると、ビジネストランスレーターも徐々に現場のペインポイントやボトルネックを具体的に把握できるようになってきますので、現場担当者が感じている暗黙知を数値データで根拠づけして提示し共感を得たり、現場のペインポイントを一つひとつ潰したりしながら、現場担当者との信頼関係をさらに高

め、ボトルネックの問題を解決する道筋を定めていきます。

2-1-5　実践力（4）本質深掘：課題の本質を理解する

　ここまで、プロジェクトの目的を管理し、関係者の間の壁を崩し、ビジネス現場やお客様の実感を理解することを説明しました。その中で「ペインポイントやボトルネックを把握する」という話が何度か出てきたかと思います。本項では課題の本質であるペインポイントやボトルネックをどのように確認するか、そのための方法を説明します（**図表2-2**）。

図表2-2　ペインポイントとボトルネック

課題の本質① ペインポイントの洗い出し

　ペインポイントは、対象の抱えている悩みや問題です。背景にどのような悩みや問題があって今回のDemandは設定されたのか、明確に洗い出します。

　例えば、「メール配信可能なユーザー1万人を獲得する」というDemandがある場合、そのようなDemandに至った背景を理解します。1万人にメール配信して受注率1% ＝ 100件の定期的なメール受注を得ることを目

指すのであれば、8000人しか獲得できなくても受注率1.25％となる工夫を併せて実施すれば問題ないかもしれません。しかし、商品認知を高めるためにメールを通じて少しでも多くの方に自社のサービスを知っていただくことを目指すのであれば、やはり1万人のメールユーザーを獲得する必要があるのかもしれません。あるいは、ターゲット層によってはメールより他の媒体の方がよいのではないか、という判断もあり得ます。ペインポイントにより取り得る方法は変わるのです。

　ペインポイントを確認するということは、最終的に何を達成できていればよいかを確認するということです。「実践力（1）目的管理」でも述べましたが、「目的」に関して解釈の余地が残っていると、「関係する各部署が勝手に」「悪意なく」目的の解釈を行ってしまうリスクがあります。完全には無理かもしれませんが、可能な限り解釈の余地は残さないよう関係者と合意しておくことが望まれます。もしプロジェクト開始後の進捗確認において、各関係者の認識に少しでもズレを感じた場合は、躊躇することなく確認の問題提起をしましょう。そして、Demandの見直しが必要な場合は個別に調整はせず、必ず関係者全員で改めて認識を合わせ直します。

課題の本質② ボトルネックの洗い出し

　ボトルネックとは言葉通り「瓶の首」の意であり、システムや通信、生産プロセスなどにおいて最も性能が低く、全体の業務遅滞や生産性低下を引き起こす要因となっている箇所を指す言葉です。それ以外のビジネス現場においても、問題を引き起こしている一番のポイントという意味で使われます。

　ボトルネックを見抜くために活用できるのが「なぜなぜ分析」です。一例として「エアコンの故障対応」事例を見てみましょう。ビジネストランスレーターの手元には、データを集計して得た「夏にはエアコンが

よく壊れる」という傾向を可視化したレポート（インサイト）があると
します。このインサイトを提示しながら現場の担当者に「なぜ、夏にエ
アコンが壊れるのですか？」と質問をします。現場担当者は「それは、
夏に気温が上がり暑くなればエアコンを使い始めるからですよ。使われ
ていないと、そもそもエアコンが動いていないから故障に気づけないで
すからね」と、なぜ当たり前のことを聞くのかという表情で回答をする
ことでしょう。

　そこで恥ずかしくなって終わってしまってはダメです。むしろそこか
らスタートし、「エアコンは冬も使いますが、なぜ夏なのでしょうか」
「データを見ると、メーカーごとに壊れる時期が微妙に違うのですが、
なぜでしょうか」「特に壊れやすいのは○○の場合と◇◇の場合、どち
らでしょうか」「他に故障と関係しそうな要因はありますか」と、新たな
質問をかぶせ、それを何度となく繰り返します。様々な切り口でその問
題を引き起こす要因構造の深掘りを進め、それによりボトルネックを見
いだします（**図表2-3**）。

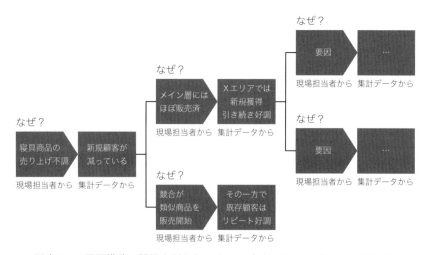

図表2-3　要因構造：問題を引き起こす要因（ボトルネック）を深掘りする

このように、質問の回答に対して繰り返し「なぜ」とさらなる質問を繰り返していく手法は、トヨタ生産方式では「なぜなぜ分析」といい、少なくとも5回は「なぜ」を繰り返す必要があるといいます。また、新QC7つ道具ではそれを応用した「連関図法」と呼ばれる手法があり、こちらは複数の要因を組み合わせて整理します。第3章で後述するKPIツリーも、考え方次第では、なぜなぜ分析の一種と言えるかもしれません。

　「なぜなぜ分析」がうまく機能するには良質な「問い（なぜ）」が必要です。思い付きの問いでは問題の本質につながりません。良質な「問い」をするためには、あらかじめ可視化した集計レポートを基に、現場担当者との対話を通じて「なぜなぜ分析」を繰り返し行うことをお勧めします。どのような問いをすればよいか思い付かなければ、集計レポートを見て他と比べて特異な値を見つけ、それがなぜ起きたか想定される要因を確認します。そして、現場担当者と共に確認することで、思い込みで誤った解釈をしてしまうことを回避します。

　集計データがない場合でも、仮説ベースで要因構造を組み立てて現場担当者と会話しましょう。現場担当者はこうした要因構造は暗黙知として持っているケースが多く、最初は分析者の自問自答による仮説の要因構造でも、現場担当者と議論することによって課題が明確化できます。

　なお、「なぜなぜ分析」を行う際は、あらかじめ質問相手に対してそのような質問を行うことを宣言し、了解を得たうえで行うようにしましょう。また、質問する際は、優しい声色や丁寧な表現に気を使い、相手が詰問されているように感じない質問方法を心がけます。筆者はそれらを行わず「なぜなぜ分析」を実施してしまったことで、質問を重ねるごとに現場担当者の表情がだんだんイライラとしてくる場面にあたったことがあります。筆者自身も「なぜなぜ分析」の質問を受けたことがあるのですが、普通の質問の仕方であっても、だんだん心の余裕が無く

なってくるのを感じました。そうなると、回答者は素直な回答をしづらくなってしまいます。

　ここまで「目的管理」「戮力協心」「現場共感」「本質深掘」の 4 つの実践力について紹介しました。ビジネススキーマを基に分析プロジェクトに巻き込んだとしても、多くの関係者にとっては主業務ではないため、プロジェクトへのモチベーションを維持し続けることは決して容易ではありません。ビジネス実績につながるまで、4 つの実践力を活用して継続的に巻き込み続けていくことがプロジェクト遂行のポイントとなります。

第 3 章

ビジネストランスレータースキル3
「ビジネス背景理解力」

3-1　現状理解の重要性

　本章では、データ分析の背景や環境を正しく理解し、意義ある提案へとつなげていくための「ビジネス背景理解力」について説明します。

3-1-1　実効性のない分析提案の例

　まず、具体例を見てみましょう。ある化粧品会社の売り上げは、店頭販売がほとんどで、ネット販売はとても小さな割合でした。そこでデータ分析者は、ネット販売に改善余地があると判断し、現在店舗で売れている商品とその顧客層を分析し、ネット広告を配信してターゲット層を販売サイトに誘導する提案をしました。別のデータ分析者は、店頭販売こそが強みであると考え、店舗での販売量向上につなげるためのお客様導線の分析やディスプレイのA/Bテストを提案しました。

　どちらの提案が適切だったのでしょうか。もし、この会社の販売の強みは店舗での対面接客にあり、お客様はスタッフとの関係性を好んで購入し続けてくださっているのだとしたら、販売サイトへの誘導提案は受け入れられるわけがありません。逆に、一見店頭販売は好調に見えるものの、卸値を考えると売れている商品はほぼゼロ利益、あるいは赤字で、これ以上の拡大を望んでいないというケースもあるかもしれません。どちらの提案も、背景や環境を押さえていないと、役に立たない可能性があるのです。

　こうした提案を避けるために身に付けておきたいのが「ビジネス背景理解力」です。5DフレームワークのDesignフェーズでは、「こういう仮説があるからこういう分析をしましょう」と提案を整理しますが、その

際の仮説や道筋を見いだす力とも言えます。ビジネストランスレーターとして、課題解決まで見据えて正しくビジネスの現状を把握することであり、この力は「現状理解」を行うことによって身に付けることができます。

3-1-2　現状理解による「2つのギャップ」の顕在化

「現状理解」とはその名の通り、会社・事業が置かれている状況把握のことで、具体的には、「どういう事業環境にあるか」「どういう顧客が利用しているか」など、ビジネスの現状を正しく理解して把握することです。現状を理解することで、「2つのギャップ」を課題として浮き彫りにします。

1つは、ビジネスゴールに対して現状不足している差分を把握し、解決すべき課題として浮き彫りにすることです（**図表3-1**の①）。現状を正しく把握せずに実施した対策がうまくいくはずもありません。現状把握を行い正しい課題に行きつくことで初めて勝ち筋を見いだせるのです。

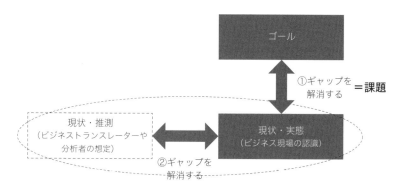

図表3-1　現状理解の目的は「2つのギャップ」を把握することにある

　もう1つは、ビジネストランスレーターとデータ分析者とビジネス担当者の認識の差を浮き彫りにすることです（**図表3-1**の②）。この目線合わせは、第1章で述べたビジネススキーマ理解の一環でもあります（⓪業界スキーマ）。ビジネス現場と同じ問題に取り組むにもかかわらず、背景や環境の理解が異なっていれば、正しい問題解決はできません。あらかじめデータ分析者やビジネストランスレーターはビジネスに対する理解を深めておく必要があります。ただ、ビジネス担当者の認識が不正確な場合もあるため、その場合は客観的な視点で現状を把握する必要があります。

　2つのギャップを把握するには様々な手法があります。以下、筆者が実務で実際に使って有用だったものを抜粋して紹介します。まずお伝えしたいことは、「事業理解」と「顧客理解」に分け、この順番で理解することです。この2つですべてを網羅するわけではありませんが、実務を進めるに当たってはこの2つの観点を押さえておくのが効率的です。

　よく「顧客理解から始めよ」と言われますが、「顧客理解」の前に「事業理解」から始めることをお勧めします。なぜなら、事業の中身が分からないと、顧客は事業のどこに価値を感じて対価を支払い、結果としてビジネスが成り立っているのか、その価値を生み出すためにどのようなリソース（ヒト、モノ、カネ）が動いているのかが分からないため、結局正しく顧客を理解できず、データを見ても良いのか悪いのか判断がつかない状態になるためです。そういった状態のまま進めてしまうと、ピントのずれた提案をしてしまう可能性が非常に高いです。

3-1-3　事業理解できていない人の提案は使えない

　ビジネス担当者あるいはビジネストランスレーターとして外部のデータ分析者に委託する場合、委託先の担当者が事業をしっかり理解したう

えで提案してきているかを見極めることが大事です。当該業界に詳しくなかったとしても、「業界のプロの目から見てどうですか」と都度確認してくるような委託先であればよいのですが、中にはしれっと「業界特性なんて知らない、それはそちらの都合。自分たちはこれまで様々な業界でこの提案をしてきた」と、堂々と的外れの提案をしてくる提案者もいます。

　事業を理解できていないデータ分析者からの提案はほぼ100%使えず、委託費は完全に無駄になります。提案内容にはピンとこないけれど「有名な分析コンサルタントだからきっと深い考えがあるに違いない」と勝手に過剰な信頼をして提案を採用した結果大失敗となり、関係者や顧客の信頼を失ったという話を聞いたことは1度や2度ではありません。

　もしビジネストランスレーターである自分の事業理解が浅い場合、まずは自らの事業理解を深めることを心がけましょう。そうでないと、データ分析者がとんちんかんな提案をしても気づかず、そのままずるずるとおかしな分析提案が進められることになってしまいます。「誰一人事業のことを理解していないメンバーで事業改善プロジェクトを進める」と書くと冗談のように聞こえますが、長年データ分析案件に関わっていると割とよくある話です。

　少々話がそれましたが、次節以降は「事業理解」「顧客理解」の順に、筆者がお勧めするフレームワークや考え方を紹介します。一般的に言えばマーケティング手法の説明になりますので、それぞれ慣れ親しんだやり方があると思いますし、業界の特性によって違うこともあることでしょう。必ずしも本書で紹介する方法が絶対というわけではありません。本書の内容は一つの例として参考にしていただき、最終的にはご自身がやりやすい型を見つけていただければと思います。

3

3-2　事業理解

　事業理解は大きく、「事業の単体理解」と「事業の相対（強み弱み）理解」の2つに分類されます。前者は事業状況を単体で見て理解することであり、それにより事業に合わないとんちんかんな分析提案をしてしまうことを避けるために行います。後者は、市場環境や顧客・競合などの外部環境と比較して事業状況を理解することであり、それにより活用すべきアセットや進むべき方向性を踏まえた分析提案ができるようにします。さらに、「事業の単体理解」については「①大局の理解」（3-2-1で解説）と「②細部の理解」（3-2-2で解説）に、「事業の相対理解」については、強み弱みの「③情報整理」（3-2-3で解説）が目的のものと、強み弱みから「④方向性を見いだす」（3-2-4で解説）ことが目的のものに分けられます（**図表3-2**）。

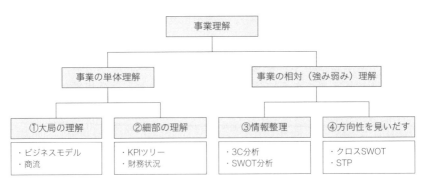

図表3-2　事業理解の体系

　「①大局の理解」ではビジネスモデルや商流を、「②細部の理解」ではKPI（重要業績評価指標）ツリーや財務状況を、「③情報整理」では3C分析やSWOT分析を、「④方向性を見いだす」ではクロスSWOTやSTPを

紹介します。いずれも有名なマーケティング手法ですので、個々の手法自体はご存じの方もいらっしゃると思いますが、分析案件での活用を前提とした「事業理解」のためという観点で、改めて確認していただきたいと思います。

3-2-1　①事業の「大局の理解」

事業自体を理解するために、最初にすべきことは「業界を解説した本を読む」ことです。最近は良い時代になったもので、業界について書かれた本が簡単に手に入ります。そういった本は、業界に長年いた方やシンクタンク、コンサルタントの方が書いており、全体像を手っ取り早く理解するのに向いています。そこで押さえるべきポイントは、「ビジネスモデル」と「商流」です。

ビジネスモデル

ビジネスモデルという言葉はよく耳にすると思いますが、では具体的にどういうものかと言われると、少し戸惑う方も多いのではないでしょうか。ビジネスモデルというのは「どういう価値提供のサイクルでビジネスが成長するか」を説明するものです。

ビジネスは顧客に対して何らかの価値や利益（マーケティング用語で便益といいます）を与え、それに対して対価を受け取り、さらにそこからビジネスを拡大するために必要なシステムや広告、商品開発などに投資し、より多くの顧客に便益を提供（あるいはより大きい便益を提供）し、それによりさらに多くの対価を得て……という正のスパイラルの流れになっています。これをひと目で表したものがビジネスモデルです。

ビジネスモデルを把握できていないということは、

- 顧客がなぜその商品を買っているか
- なぜ当事業が競合に対抗しビジネスを展開できているのか
- どのような状況になれば成功で、どういう成長戦略を描いているのか

など、ビジネスの根幹となる背景を理解できていないということです。有名なビジネスモデルに、Amazon.com社元CEOのジェフ・ベゾス氏が描いた「フライホイール」があります（**図表3-3**）。Amazonは、店舗では実現できない大量の商品の選択肢を用意し、それにより顧客体験が高まり、良い体験をできたことで顧客の利用が増え、それによってプラットフォームとしての価値が高まりメーカーや販売者が増え、それによりさらに商品の選択肢が増える……。こうした循環によりビジネスが成長することをうまく表現しています。

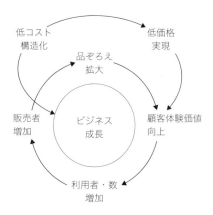

図表3-3　フライホイール（ジェフ・ベゾス氏のイラストを基に筆者作成）

　また、フライホイールは、ビジネスが成長し利益を得るとそれを投資して低コスト構造の仕組みを作り上げ、より安価な商品価格を実現することで顧客体験をさらに改善するという、ビジネスが成長した結果何がもたらされているかについても記載しています。

ビジネスモデルを正しく理解せずに提案した失敗例を一つ紹介します。ECサイトの例です。もともと様々なカテゴリーの商品が混在して表示されていましたが、サイトリニューアル時のシステム都合により、商品カテゴリーごとにページを完全に分けることになりました。販売データの「併せ買い分析」を行った限りでは、カテゴリーを越えて商品を購入するお客様はあまりおらず、問題は無いだろうとの判断でした。むしろ、明確に欲しい商品が分かれサイト構成も分かりやすくなるため、売り上げが向上するのではと期待していました。

　しかし、想定とは異なり、サイトリニューアルを契機に売り上げは一気に落ちてしまったのです。要因解明のためユーザーをヒアリングしたところ、そのECサイトの利用者は何を買うか決めて訪れる目的買いの顧客はほとんどおらず、たまったポイントや取得したクーポンで何か良いものがあれば買いたいと思って訪問していたことが分かりました。ウィンドウショッピングのようにいろいろなカテゴリー商品を眺めて楽しみ、気に入った商品があれば購入するという、それまでの購買スタイルがサイトリニューアルによってできなくなってしまったのです。

　分析結果だけで判断し、「お客様価値」という観点でビジネスモデルを捉えられていなかったため起きた失敗事例でした。

　誤解の無いよう補足すると、既存のビジネスモデルを崩すような提案をしてはならないというわけではありません。時には既存のビジネスモデルから脱却し、新たな市場・顧客、新商品への展開で成長を図ることも必要です。ただ、それは考えなしに行ってよいものではありません。あくまで現行ビジネスモデルを正しく理解したうえで、新しい市場・顧客・商品を展開したときに正しくスパイラルの流れを描けるかどうか、まで考える必要があります。そうならない変革提案はただの思い付きにしかならず、失敗することが多いと言えます。

3

　世の中で成立しているビジネスは、必ずビジネスモデルが存在します。価値提供のサイクルを意識して記載することで、ビジネス成長において重要なポイントを押さえることができます。これを知っておくことで、仮説設計やソリューション案検討の際に「これはビジネスモデルに反するのでやるべきではない」など、判断の方向性を見いだし、ステークホルダーに響く課題解決を行うことができます。ビジネスモデルの図を自分で描くのは最初難しいかもしれませんが、それでも取り組む価値はあります。

　なお、ビジネスモデルを理解する有名なツールに「ビジネスモデルキャンバス」があります（**図表3-4**）。ビジネスモデルキャンバスは、ビジネスを実行するのに検討が必要な要素をほぼ網羅しています。ジェフ・ベゾス氏が描いたフライホイールは、ビジネスモデルキャンバスの

Key Partners 主要パートナー	Key Activities 主要な活動	Value Propositions 提供価値	Customer Relationships 顧客との関係	Customer Segment 顧客セグメント
・商品供給事業者 ・配送事業者	・販売サポート ・プラットフォーム開発保守 ・商品管理/物流流通 ・プライムサービス提供 ・広告/プロモーション	・世界最大級の市場（圧倒的な品ぞろえと大規模な利用者数） ・外に買いに行かなくても家まで届く利便性 ・店舗より安い価格 ・購入までスムーズなUI ・納得感のあるレコメンド ・Amazonプライムの充実したサービス	・商品レビュー/評価 ・Amazonプライム会員 ・検索時、上位に出現する連動広告	・手軽に商品を買いたい一般消費者 ・自社製品/商品を販売したい事業者
	Key Resources 主要な資源		Channels チャネル/販路	
	・ブランド認知度 ・ECプラットフォーム ・大規模倉庫・物流 ・顧客データ		・Amazon.comサイト ・Amazonアプリ	

Cost Structure コスト構造	Revenue Streams 収益の流れ
・プラットフォームの開発投資、維持・保守コスト ・商品保管コスト ・配送コスト ・検索連動広告等の広告費	・商品販売の売り上げ ・Amazonプライムのサブスクリプション ・販売者からの仲介手数料、出品料 ・広告料 ・Amazon Pay手数料

図表3-4　ビジネスモデルキャンバスの例（Amazonのビジネス）

「提供価値」に着目し、見方を変え、どう循環していくかを表したものと理解できます。

　ビジネスモデルキャンバスは、新しいビジネスモデルの検討、ビジネスモデル変革など、現行ビジネスモデルのうち一部を変化させた場合、他項目への影響がどうなるか、といった見方をする際に使い勝手の良い手法です。一方で、課題解決のため現状把握の一環として事業理解を行うという観点では少々リッチ過ぎるため、通常のビジネスモデルを把握するだけであれば、フライホイールを用いる方がシンプルでよいでしょう。

商流

　ビジネスモデルを補足するものとして「商流」の理解も必要です。商流というと流通の用語を思い浮かべるかもしれませんが、ここでは「ビジネスモデルを成立させるために必要な、契約関係やリソース（ヒト・モノ・カネ・情報）の流れを説明するもの」を指します。ビジネスモデル俯瞰図ともいいます。自分（自社・自部署）を中心に据えたうえで、ビジネスのスタートから順にステークホルダー（ヒト）を描き、それらの間でモノやカネがどのように流れていくかを書き加えていきます（**図表3-5**）。

　例えば製造業であれば、原材料を誰から調達し、どこの会社に依存しているのか、製品加工において協力会社や中間加工業者はいるのか、販路や物流にはどの事業者がどのように関わっているのかを羅列し、最終的な顧客までつなげていきます。

　同様にEC事業者であれば、輸入事業者や商社・卸業者などの仕入れ元、ロゴや値札などをつける加工業者、ECプラットフォーマー、販促を代行する広告代理店、代金回収代行会社、配送事業者、一部直接販売

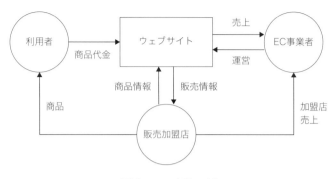

図表3-5　商流の例

を行う自社店舗……など、各関係者がどのような契約でつながり、何の提供価値に対してどういう方向でお金が支払われているのかを図解します。

　商流とビジネスモデルは混同されがちですが、商流とビジネスモデルの違いは「商流は顧客の便益に触れていない」ことです。そのため、なぜこの商流になっているのか、どうしてこのビジネスが成り立っているのかを知ることはできません。一方で、ビジネスモデルだけだと、このビジネスがどうやって実現されているのかは分かりません。

　商流を調べる際には、誰が関わっているか、どこにモノとカネの流れがあるかを調べるため、表に出てこないステークホルダーの関与など、ビジネススキーマの理解にも役立ちます。そのため、ビジネスモデルと商流はセットで理解することをお勧めします。商流の理解には、板橋悟氏が提唱する「ピクト図解®」（http://pictozukai.jp）というツール・手法を用いると分かりやすく整理できます。

　商流を使う場面は、課題解決に当たりどのようなステークホルダーがどのような関わり方をしているかの把握と、カネの流れを理解し、解決

策検討の際の制約や成功条件の確認に利用することが挙げられます。

　例えばECサービスにおいて、売上向上のために、ある顧客層に対しクーポンを用いた商品割引施策を考えたとします。そのとき、商流を理解しておくことで、クーポンの原資は自社で出すのかメーカーに出してもらうのか、それぞれの利益の取り分がどれくらいだからどこまでなら出せるのか、施策による売上はROASと呼ばれる指標で何％以上でないと赤字になるのか、などを踏まえ、実現可能性が高く、現場の方に響く解決案を提供できます。

ツール営業担当者の失敗

　ビジネスモデルや商流を把握しなかったために、提案が失敗した事例はたくさんあります。筆者の知っている、ある卸売中間業者の方から聞いた話です。その業者は、直接お客様に商品を販売するのではなく、お客様に身近な存在である販売店に商品を卸すことでお客様に商品を販売します。

　ある日、その業者の方はツールの提案を受けました。ツールの営業担当者は「これからのビジネスはお客様と企業のつながりが重要である」「コロナで店舗販売が減少しているが人と人のコミュニケーションが重要である」と話します。いわゆるライブコマースによる販売手法の提案でした。サービスの内容自体は決して悪いものではないのですが、その会社は上述の通り原則として商品の直接販売は行わず、全国の様々な販売店の方々と連携してお客様に商品提供を行っています。

　そのような環境のため、同社には消費者販売のノウハウやD2C（Direct to Consumer）の経営資源がないことを伝えたところ、それまで能弁であった営業担当者はポカンとしてしまったそうです。同社が直接お客様への販売を行っていないことすらよく分かっていないようでした。もち

3

155

ろん様々な業界を対象に営業をかけているわけですから、すべての業界の特性や習慣を知っておくことは難しいことでしょうが、少なくとも最小限の商流は理解したうえで相手に価値を生み出せるかどうか考えて臨まないと営業行為そのものが無駄な時間になってしまいます。

3-2-2　②事業の「細部の理解」

　前項で説明した「大局の理解」は、ビジネスの戦略や本質を理解することであり、現状ビジネスからズレた提案をしてしまうことを避けるために必要な事業理解でした。本項で説明する「細部の理解」は、ビジネスを構成要素に分解することで詳細を理解し、ビジネスの中のどういったポイントに課題があるかを洗い出すために実施します。

　本項で説明する手法を実行するには時間がかかります。事業理解をどの程度の粒度まで行うかは、取り組むデータ分析プロジェクトでの立ち位置と時間猶予次第です。前項で示した事業の大局はどのような案件においても理解しておくべきですが、「細部の理解」は時間がかかるため案件によっては必須ではありません。

　「細部の理解」には観点がいくつかあります。事業が成り立つ要素を分解していくことで理解を深めるには「KPIツリー」の作成を、ファイナンスの観点から理解を深めるには「財務状況」を確認します。

KPIツリー

　「KPI」はKey Performance Indicatorの略で、日本語では重要業績評価指標と訳されます。同じような言葉に「KGI」という指標があります。こちらはKey Goal Indicatorの略で、重要目標達成指標を指します。簡単に言うと、KGIは目指す目標・ゴールであり、一般的には売り上げや利益を指すことが多いです。KPIツリーとは、どのKPIがどのようにつ

ながってKGIに至るかを把握するためのもので、KGIを因数分解して得られるツリー図のようなものです（**図表3-6**）。

　よくEC事業では「顧客数」「平均購入回数」「平均単価」をKPIとし、それらの掛け算でKGIが表されることが多いです。ただ、それだけでは売り上げや利益向上のボトルネックやドライバーを見つけることは困難で、そこからさらに深掘りします。事業にどのような要素が絡み合っているかを可視化できればよいので、あまりに細か過ぎると感じるようなら適度に切り上げます。

　KPIツリーは本来、目標達成のためにどの指標を上げていけばよいかを明らかにする、あるいは管理するために使います。事業の「細部を理解」するという観点では、売り上げや利益の向上という大目的を達成するためのボトルネックやドライバーを確認するために活用します。既にビジネス担当者が適切なKPIツリーを作っているのであれば自分で作成する必要はありませんが、適切なKPIツリーがない場合は、データ分析プロジェクトとひも付けて新たに整理します。

　KPIツリーを作成する場合、売り上げは商品カテゴリー別・販売チャネル別・顧客種別などに分けます。商品カテゴリー、販売チャネル、顧客種別ごとに売上単価や受注頻度などの傾向が大きく異なる場合、それらが混在した数値で見ると現場の実態と乖離のある数値になってしまうため、まずはそれらを分解します。例えば、平均単価100円の商品を1万個売る事業と、平均単価1万円の商品を100個売る事業があった場合、全体では平均単価198円の商品を1万100個売ったことになりますが、混在した状態では単価や販売数それぞれの十分・不十分を議論することができないため、事業別に分ける必要があるのです。

　コストがほぼ一定で変動余地がない（変動余地があってもコントロー

ルできる要素が少ない）場合、あるいは、利益確保より事業規模拡大を目指す事業の場合、売り上げをKGIとすることが多く、それ以外の場合は利益をKGIとし、最初のKPIツリーの分岐で売り上げとコストに分解することが多いです。なお、まれではありますが、売り上げや利益以外の指標（ロイヤルティ指標・顧客数など）をKGIにおく事業も無いわけではありません。例えば、社会福祉を目的とした非営利事業者や官公庁・自治体の取り組みなどですが、レアケースであるため、ここでは説明を省略します。

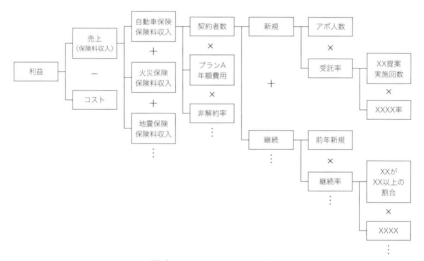

図表3-6　KPIツリーの例

　図表3-6の左から3層目は、主に1年更新である「自動車保険」と複数年更新である「火災保険」などに分かれています。これらは単価も継続傾向も大きく異なるため、保険種目ごとにまず分解しています。また、同図では、自動車保険収入を「契約者数」×「年額費用」で分解し、さらに契約者を新規顧客・既存顧客で分けたり、法人・個人で分けたり年代で分けたりして、どのポイントはうまくいっていて、どのポイントはうまくいっていないかが明確に分かるように分解していきます。

KPIツリーを作る目的はあくまで事業上のボトルネックと非ボトルネックを見極めることにありますので、前記の分解方法を行うことが必須なわけではありません。もしボトルネックに関する仮説があるようであれば、その仮説に基づいて軸を分けるのがよいでしょう。例えば、特定事業にボトルネックポイントがありそうな場合は、最初に事業別に売り上げを分解します。販売数に問題はないが単価が問題と考える場合、販売数×単価に分解します。

　通常はKPIツリーの各項目に対して、事業として達成目標を立てているので、その目標値と現状値もヒアリングします。その中で現状値と目標値にギャップがあるところがまさに「課題」であり、Demandを改善するために取り組むべきポイントとなります。

コラム　NSM・マジックナンバー

　KPIと似たような概念にNSMやマジックナンバーという考え方があるので少し触れておきます。

　NSMというのはNorth Star Metric（ノーススター・メトリック）の略で、企業にとって北極星のような揺るぎない目標を「ノーススター」、そのノーススターへの到達度を測る指標を「ノーススター・メトリック」と呼びます。ユーザーのプロダクト体験を評価して成長へつなげる手法として、米国で多くの企業が設定しています。KPIツリーとの違いは、要素をかけ合わせると売り上げになっているかどうか、です。KPIツリーは売り上げになります。NSMは「顧客体験上XXが重要である」というものを定義し、それを分解して各要素に落とし込むという使い方をするため、必ずしもMECEになっ

ていないことがあります。

　マジックナンバーは、最近あまり聞かなくなってきましたが、プロダクトのコアバリュー（コアとなる価値や体験）を顧客に感じてもらい、継続利用してもらうために目安とする指標です。例えばTwitterなら「初日に5人以上フォローしたユーザーは継続率が高い」、Facebookなら「10日間で7人と友達になる」など、それを達成すれば重要指標の飛躍的向上が期待できる数値基準です。これを抽出するにはあらかじめマーケティング思考で顧客が継続に至る要素を洗い出し、そのうえで分析を行って抽出する必要があるため、事業に深く関与していない立場では簡単に求めることはできません。そのため、事業理解の観点では新たに算出するよりも、ビジネス現場の担当者にヒアリングし、既に現場に根付いたマジックナンバーがあるかどうか、確認するだけでよいでしょう。

財務状況

　事業の「細部の理解」の2つ目は財務状況の理解です。営利企業の最終目的は利益を最大化することであると考えれば、当然理解しておきたいポイントですが、非公開企業であれば財務関連資料を入手すること自体が難しいでしょうし、公開企業であっても対象事業だけに絞った収支情報を入手することは容易ではありません。財務情報がなかなか入手できず、それにより分析時間が大きく減少してしまっては元も子もありませんので、その場合は担当者へのヒアリングだけで済ませたり省略したりすることもやむを得ません。

　ただ、最終的な分析提案が経営そのものに大きく関わるのであれば、会社の財務状況であるP/L（損益計算書）やB/S（バランスシート）、

キャッシュフロー計算書などはやはり見ておきたいところです。また、施策だけに関与する場合であっても、該当施策を行う事業単体の財務状況をごく簡単にでも把握できればそれに越したことはないです。いわゆる財務分析・経営分析をすべて行う必要はありません。あくまで、その会社・事業にとって一番求められていることは何であるか、そして逆にその会社・事業の環境上実施すべきではないことは何であるか、が分かれば十分です。

　一般的な財務分析は、成長性、収益性、安全性、生産性などを確認します。事業理解におけるポイントも同じです。

（1）成長性
　　事業別・セグメント別の売上高の経年推移から各事業・セグメントのどこの売上に問題があり、その対応策は既存施策の改善か新規開拓であるかを判断します。

（2）収益性
　　事業運営における変動費率・固定費率を分析し、その事業において、より改善取り組みが必要な費用項目を特定します。

（3）安全性
　　キャッシュフロー、当座比率、自己資本比率などから、喫緊で対処しなければ会社倒産の危機につながりかねない問題が無いかを確認します。

（4）生産性
　　会社が保有するアセット（ヒト・モノ・カネ）を十分効果的に生かせているかを分析し、生かし切れていないアセットがあれば、

> 分析提案時に活用施策を検討します。

（3）安全性や（4）生産性は、データ分析プロジェクトが経営に大きく関わらないなら無理に取り組まなくても構いません。KPIツリーの箇所で説明したように、事業における課題は大きく「売上拡大」と「利益率向上（≒コスト削減）」に大別できます。「売上拡大」は、（1）成長性分析として事業別・セグメント別で売り上げの経年推移を確認することで、大きく以下のパターンに分けられます。

> （A）特定セグメントで売り上げが伸び悩んでいる／落ち込んでいる
> （B）事業全体で売り上げが伸び悩んでいる／落ち込んでいる。
> 　　業界全体の傾向と比べて状況が悪い
> （C）事業全体で売り上げが伸び悩んでいる／落ち込んでいる。
> 　　業界全体の傾向も同様

　（A）は特定セグメント特有の問題、（B）は会社特有の問題があると考えられ、まずはそれが何かを洗い出すための分析を行うことが重要度の高い提案となります。既にそれらの要因が特定できており、それが改善できる問題であればその改善対応（市場浸透）が価値の高い提案となります。また、外部環境要因などの理由で改善できないのであれば、代替となる事業拡張（新市場開拓、新商品開拓）を意識した分析提案が価値の高い提案となります。（C）の場合も同様に事業拡張を検討します。

　「利益率向上」の検討では、（2）収益性分析により事業がいわゆる変動費型ビジネスであるか、固定費型ビジネスであるかをまず確認します。

変動費型ビジネスとは、設備の減価償却や正社員の人件費などの固定的費用はあまりかからない一方、1つ販売するごとにかかる費用（変動費）の割合が大きいビジネスです。初期投資が小さいためローリスクではあるものの、1つ当たりで得られる利益が少なく大量販売を行う必要があるためローリターンでもある、薄利多売ビジネスとなります。

　固定費型ビジネスは逆に、ヒト・モノ・カネ（固定費）の投資が大きい一方、1つ販売するごとにかかる費用の割合は小さいビジネスです。

　小売業・卸売業などは変動費型、ホテルや製薬会社、電力・通信などのインフラ業などは固定費型のビジネスが多いですが、小売業でも店舗などの設備に多大な投資を実施し、原価の低い商品に付加価値を付けて販売すれば固定費型となるケースもあり、実際は費用項目を見て判断する必要があります。

　変動費となるのは主に原材料費・仕入原価・各種手数料・外注費・燃料費、固定費となるのは主に人件費・減価償却費・家賃・光熱費などです。販促費・広告宣伝費は、ウェブ広告やチラシ広告など投下量に応じて短期的な販売量が増える費用は変動費、認知拡大などを目的として中長期的な売上拡大を狙うマス広告は固定費として計算します。事業状況を知るための事前分析ですので精緻に行う必要はありません。ざっくりと傾向が分かれば十分です。

　変動費型ビジネスの場合、1件当たりの利益率が少なく薄利多売であることがビジネス課題となります。そのため、分析提案においても1件獲得するためにさらに変動費が必要となるような提案を行うと、販売量は増えるが売れば売るほど赤字というビジネスになりかねません。この場合は、変動費のうちどの項目が特に大きく負担となっているかを確認し、その費用を削減することを目的とした分析提案が喜ばれます。

　分析により最も削減を検討できる費用項目は、販促費・広告宣伝費です。最終的には費用対効果を計算する必要がありますが、設備やツール類を導入するなど固定費的な投資が必要でも、変動費を削減できる提案であれば検討の余地があります。なお、販売量を増やすための提案ももちろん意義はありますが、変動費型ビジネスは薄利多売であるため、大規模な販売増を目指す必要があります。

　固定費型ビジネスの場合は1件当たりの利益率が高いが固定費が大きいため、販売量を拡大し固定費を回収することが優先課題となります。変動費率まで高くならないよう注意したうえでではありますが、セグメントを分析し適切な顧客に対してウェブ広告などを強化し、販売量の拡大を図る提案もありでしょう。また、既に発生することが確定している固定費を最大限活用するための分析提案を行うことも考えられます。製造設備であれば生産効率を上げる、人件費であれば労働生産性を高める、ライセンス費であればライセンスを活用したさらなる販売施策を進める、といった分析提案も意義があります。

　分析対象が特定施策の場合は、施策ごとの収益性を見ることもあるでしょう。その場合は、配賦される固定費も考慮したうえで利益を出すには施策コストは何％以内に抑える必要があるか、少なくとも変動費分を回収するためには施策コストは何％までに抑える必要があるかを確認しておくと、後々施策の実施および成否の判断がしやすくなります。

　財務諸表は奥が深く、事業戦略を理解するための様々な情報が含まれています。B/S上の流動比率や自己資本比率などを見て安全性状況を確認したり、固定資産比率から経営資源の活用可能性を検討したりすることもできます。また、キャッシュフローを営業CF・投資CF・財務CFに分解してそれぞれの経年変化を追うことで、「本業は成功してさらなる投資のため借入を増やしている」のか、「本業の不調を設備売却や借

入でカバーしている」のか、「本業は盛り返してきていてそのお金で借入の返済を進めている」のかなど、会社が置かれている状況が非常によく分かります。

経営分析については多数の書籍が販売されていますので、興味がある方はぜひ調べてみてください。筆者のお勧めは國貞克則氏の『新版 財務3表一体理解法』（朝日新聞出版、改訂新版2021年）や和仁達也氏の『脱★ドンブリ経営』（ダイヤモンド社、2005年）などです。

3-2-3　③強み弱みに関する「情報整理」

ここまでは業界や事業単体での理解を進めましたが、本項と次項では、業界の中で自社事業はどういう位置づけなのか、お客様に対してどのような状況にあるかという相対的な観点で、自社事業状況に関する情報を整理します。

まずは、なぜ相対的な観点が必要なのか説明します。例えば、部品メーカーの方に強みを聞くと、たいてい「ものづくりの技術力だ」とおっしゃいますが、メーカーであれば技術力があるのは当然で、同じ商品を作る競合と比べて高い技術力があって初めて「強み」と言えます。もし技術力が突出していなくても業界内で存在感があるなら、他に何か相対的な強みがあるはずです。それは人間関係のコネクションかもしれませんし、営業の売り込み力かもしれません。それが何であるか、あくまで相対的に自社を理解する必要があるのです。その理解がないままデータ分析プロジェクトを進めると、自社が競合と比べて不得意とする分野での競争を提案してしまったり、業界や顧客の動きに相反する提案をしてしまったりします。

　当該事業のビジネスモデルを知らない場合はまずその理解が事前に必要です。ビジネスモデルについて理解している場合は、以下に紹介する手法を用いて情報を整理します。

3C/5C分析

　事業（自社）における強み弱みの情報整理というと、つい自分たちの事業・会社の情報だけを見て判断してしまいがちですが、実際は常に相手あっての話であり、業界全体における相対的な事業（自社）状況を理解しなければ不十分です。その観点で漏れがないかを確認するフレームワークが「3C/5C分析」です。

　3Cとは「Company（自社）」「Competitor（競合）」「Customer（市場・顧客）」のこと、それに「Customer（中間顧客）」「Community（共同社会）」を加えたのが5Cです。それぞれの観点から現状を把握します。ここでは概要だけ説明しますが、ぜひ使えるようになっておきたいフレームワークです。中間顧客というのは流通や代理店など、消費者にモノを届ける前に関係するステークホルダーを指します。直接消費者と触れ合う事業以外の場合は、5Cを使う方が抜け漏れなく理解できます。

　Company（自社）は、前項や前々項で述べていた①大局の理解や②細部の理解を先に行った場合、改めて掘り下げる必要はありません。強いて言えば、経営陣が目指している方向を知っておくとよいです。会社全体の流れというのは上から下に流れる水のようなもので、それに逆らおうとすると大変な労力を割くことになりますので、ビジネスモデルや商流と合わせて知っておきましょう。

　Customer（市場・顧客）についても、この後述べる顧客理解を行っていれば十分です。特別この分析で何かする必要はありません。詳しくは、次節の顧客理解をご参照ください。顧客理解だけで何かをするので

はなく、Company（自社）やCompetitor（競合）と合わせて確認し、課題などを発見します。

5Cの場合はCustomer（中間顧客）も入ります。中間顧客は事業を進める仲間でもあり競合にもなり得るため、中間顧客となる会社の戦略や強み弱みを把握することが重要になります。上場している会社であれば、IR資料として公開している決算短信から中期的な経営戦略の情報は手に入れやすいですが、非上場企業の場合は、対話を重ねて情報を引き出すしかありません。第1章で紹介したビジネススキーマ活用力が必要になります。

Competitor（競合）は、前述のビジネスモデルや商流、財務状況について調べます。戦略を理解するには決算短信や決算説明資料を見る他、採用サイトを見てどういう人材の確保に力を入れているかを探るのも一つの方法です。

Community（共同社会）は外部環境の要因を指し、よく「PEST分析」という手法が使われます。ビジネスを取り巻く外部環境要因はゆっくりと変わっていく性質を持っており、数年後を見据えた中期戦略を立てる場合には必ず確認すべきですが、個別課題の解決においてはそこまで重要視する必要はありません。

3C/5C分析は漏れをなくすためのフレームワークであり、自社、競合、市場を漏れなく理解することを目的として使います。データ分析では、ついつい「入手済みのデータ」で見えること・できることだけに話を矮小化させがちです。自然に取得できた情報を見て分かることだけで課題を定義してしまうのです。しかし、本質的な課題を捉えるには、ボトムアップ的な観点だけではなく、トップダウン的な観点で課題を整理する必要があります。自社、競合、市場（＋中間顧客、共同社会）を踏まえ

自社はどういう状況であるか、全体像を見なければ判断を誤る可能性が
あります。

　例えば、ある会社は「自社の接客満足度は 90％と高いため問題ない」
と認識していましたが、調べてみたところ、競合は同じ調査で平均
95％であることが分かりました。顧客が競合と比較して見た場合、「接
客」はその会社にとって決して強みとはなっていなかったことになりま
す。競合と比較して劣位ということは何か改善の余地（＝課題）がそこ
にあると本来考えるべきでしょう。自社だけを見て判断するのは不十分
なのです。

　自社の強みであり、市場にニーズがあり、競合は強みとしていない点
があれば最良です。その強みを生かした施策提案を行うのが良いでしょ
う。逆に、自社が強みと考えているものの市場にニーズがなければ、そ
の強みを中心とした事業戦略は見直す必要があるかもしれません。市場
にニーズがあっても近年急激に競合がその強みを伸ばし自社以上の位置
に至っているようであれば、対抗して強みを強化するか、それ以外の市
場ニーズから新たな強みを探すか、戦略を考えて施策を提案する必要が
あります。データ分析プロジェクトにおいては、そういった背景事情を
考慮したうえで課題設計や施策提案を行わねばなりません。

SWOT分析

　「SWOT分析」とは、自社の内部環境分析から「Strength（強み）」
「Weakness（弱み）」を、業界内外の外部環境の分析から「Opportunity（機
会）」「Threat（脅威）」を見いだし、それら総合的な環境分析から自社の
位置づけを理解するフレームワークです。頭文字をつなげSWOT（ス
ウォット）分析と呼ばれます（**図表3-7**）。

図表3-7　SWOT分析

	プラス影響	マイナス影響
内部環境	Strength（強み） ● 自社の持つ強み・優位点、独自資産	Weakness（弱み） ● 自社の弱み・劣位点、不得意分野
外部環境	Opportunity（機会） ● 自社に有利に働く業界や市場の変化	Threat（脅威） ● 自社に不利に働く業界や市場の変化

　SWOT分析はあくまで自社事業の置かれた状況を整理するための手法であり、整理した状況を踏まえ戦略や方向性をどう組み立てればよいかといった判断にまでつなげていくことは難しいです。事業の方向性まで検討する場合は、SWOT分析を発展させた「クロスSWOT」（後述）を活用します。

　また、SWOT分析では「誰に対する強み・弱み」なのか、比較対象が明記されないため、人によって同じ要素を強みととったり弱みととったりすることがあるので注意が必要です。代表的な例として、業界共通の強みは他業界の事業者と比較した場合は強みですが、同業他社と比べた場合は必ずしも強みにならず、場合によってはむしろ弱みにもなります。

　そのようなブレを避けるには、「何を目的としてSWOT分析を行うのか」という前提条件を固めておくことです。競合対抗を意識して戦略設計や施策検討を行うのであればあくまで競合に対して強みか弱みかを判断すべきですし、そうではなく新事業展開などを考えるために異業種市場に乗り出す取り組みを検討するのであれば、想定される新市場の競合候補に対して強み・弱みとなるかを判断する必要があります。

3-2-4　④事業の「方向性を見いだす」

　この項で紹介するのは、事業状況を理解したうえで、その先の事業の方向性を検討するために使う手法です。本来は、ビジネス現場側にて事業の方向性、すなわち事業戦略は既に定められているはずであり、ビジネストランスレーターはその情報を引き出し尊重しつつ、分析案件に落とし込むのが仕事となります。しかしながら、実際のところ、明確な事業戦略がない状態で運用している事業も珍しくはありません。下手をすれば、どうしたらよいか分からないのでそれも含めて提案をしてほしいと依頼されることもあります。

　事業の方向性はビジネスの根幹であり、それこそ事業の主担当者の方々に考えていただきたい点ではありますが、課題解決のプロフェッショナルであるビジネストランスレーターとしても整理手法は理解し、現行の事業の方向性が誤っていないかを見極め、必要に応じて事業戦略設計の手助けができるようになっておくべきです（あくまで手助けです。他人に作ってもらった事業戦略は自分ごと化して活用されることはまずありません。うまくいかないことを戦略立案した人のせいにされることもあります。ビジネス現場が自ら事業戦略を考え「判断」した形をとることが大事です）。

クロスSWOT

　「クロスSWOT」は、SWOT分析の各要素を組み合わせて、進むべき方向や戦略策定に使うフレームワークです。SWOT分析は、枠を埋めるだけで満足してしまい、埋めただけでは何も変わらないと批判されることもあり、実際に利用するときにはクロスSWOTまでやり切って戦略や方向性を見いだすことが多いです。

　使い方としては、SWOT分析を先に行い、それにより導き出された強み・弱みと機会・脅威を互いに掛け合わせます。「強み×機会」は機

会に対して強みを発揮することでより事業や会社を成長させる戦略、「弱み×機会」は機会を捉えるために弱みを克服する戦略、「強み×脅威」は脅威に対して強みで切り抜ける戦略、「弱み×脅威」は脅威と弱みにより最悪のシナリオが訪れることを回避するための戦略を検討する使い方です（**図表3-8**）。

図表3-8　クロスSWOT

	強み	弱み
機会	**強み×機会** 機会に対して 強みを発揮していく戦略	**弱み×機会** 機会を捉えるために 弱みを克服する戦略
脅威	**強み×脅威** 脅威に対して 強みで切り抜ける戦略	**弱み×脅威** 脅威と弱みによる 危機を回避する戦略

3C/5C分析で取り巻く環境を分析して課題を見いだし、SWOT分析で環境要因の事業影響に加えて自社事業の強み弱みを把握し、その後クロスSWOTで戦略の方向性を検討するという流れで使います。ただし、データ分析案件のスコープが個別施策の最適化などであれば、戦略的な検討は不要なのでここまで実施する必要はありません。

また、クロスSWOTは象限に分けて4つの戦略を作成しますが、最終的に採用するのは「強み×機会」の戦略であることが多いです。というのもこれが唯一の積極的な攻勢策であり、この枠の戦略を採用しないと事業を大きく成長させられないからです。

戦略を立てたり方向性を示したりすることは、課題解決やデータ分析でも非常に重要で、向かうべき未来のビジョンやゴールと共に掲げるこ

3

とで、ヒト・モノ・カネのリソースが集まりやすくなります。直接使うことは少ないかもしれませんが、常に頭の中に入れておき、使えるようにしましょう。

STP

「STP」は「Segmentation（セグメンテーション）」「Targeting（ターゲティング）」「Positioning（ポジショニング）」の頭文字をとってつけられた手法で、勝てる市場を選ぶ際、抜け漏れなく考えることができるフレームワークです。Segmentationではある軸で市場を定義、あるいは分割し、Targetingで市場のどこを狙うかを決めます。Positioningでは、Targetingした市場にいる競合他社に対して、自社をどういう立ち位置に置くか定めます。こうした流れで戦略を立てます。

「新規事業創造をしたい」「停滞している事業について突破口を見つけ出したい」というDemandにおいて、戦略を練り直す必要がある場合に使います。特に、市場が停滞していたりレッドオーシャンであったり、新たな市場で新たな顧客層を開拓したい場合には効果的です。

最も判断が難しいのはPositioningです。自分たちに都合の良いように軸を設定してポジションを定めてもあまり意味がありません。あくまでも、顧客が頭の中で自社のことを思い浮かべたときの立ち位置が、正しい自社のポジションとなります。

例えば、焼き肉を食べたくなったとき、筆者の頭の中では1人用なら焼肉ライク、家族で行くならコスパ重視の牛角、味重視なら叙々苑、というように頭の中でマッピングされたものが思い浮かびます。つまり、人数、味、値段が焼き肉を選ぶ際の軸ということです。これに対して、事業者側が最新のロースターを整備して「肉を焼いたときに煙が出るかどうか」を軸として、自分たちが確固たるポジションを築けると思って

も、顧客の頭の中の判断軸に「煙たくないか、匂いがつかないか」がなければ（重要度が低ければ）、選ばれることはありません。つまり、誤った戦略です。

　同じように航空業界においては、安心安全というのは最低限どの会社も押さえている、ある意味当たり前のことで、そのうえでサービスが充実している、安いなどが頭の中でマッピングされます。これに気づかず、ただひたすら安心安全だけを訴求してポジションを築こうとしても、顧客に選ばれることはないでしょう。

　優れたマーケターは、これまで顧客の頭の中に存在しなかった軸を新たに生み出して浸透させ、確かにそれが重要だと感じさせ、あるいは気づかせることができます。それにより自社の優位性を築き、売り上げを大幅に伸ばします。課題解決の文脈とは異なりますが、そのような突破の仕方があるということを知っておいて損はありません。

3

3-3 顧客理解

ここからは「顧客の理解」です。売り上げは、顧客に商品やサービスを使ってもらったり購入してもらったりすることで発生しますので、どういう顧客がいて、どういうことを考えていて、何をすると喜ぶのかを把握するのは重要です。知らない人にプレゼントをあげてもその人の好みが分からないと喜んでもらえる確率が低いのと同じで、より使ってもらい、より喜んでもらうには顧客を知る必要があるのです。

ビジネストランスレーターは課題整理を進めるに当たって、ビジネス現場と同じレベルで顧客を理解することが求められます。商品・サービスを顧客に提供する際、どのような顧客がどういった環境でその商品・サービスを受けるのか、関係者間で具体イメージに齟齬がある状態で課題設計や施策検討を行ってもうまくいくはずがないからです。

例えば、化粧品の購買分析において、実際のメイン購買層は50代男性であるにもかかわらず、ビジネストランスレーターやデータ分析者は思い込みで20代女性を想定したまま、ビジネス現場の担当者と課題設計・施策検討を行っている状態を考えてみてください。想定する市場規模、顧客接点、訴求方法、いずれも大きな認識のズレが生じたまま議論することになります。正しい課題解決をするには、各関係者間の認識ギャップを極力最小化する必要があります。議論時に、関係者の間で具体の顧客イメージを共通化させること、それが本節の目的です。

顧客理解は、事業がどういう顧客層の構成から成り立っているか理解する「顧客構造の理解」と、具体的に個々の顧客がどのような顧客であるかを理解する「顧客自体の理解」の両方が必要となります（**図表3-9**）。

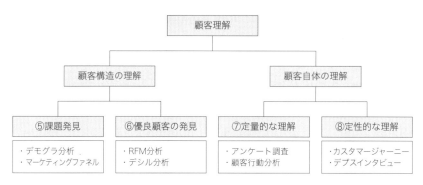

図表3-9　顧客理解の全体像

「顧客構造の理解」の手法は「⑤課題発見」のための手法（3-3-1で解説）と、「⑥優良顧客の発見」のための手法（3-3-2で解説）があり、どちらも事業理解と併せて知っておくことは重要です。一方の「顧客自体の理解」の手法は、「⑦定量的な理解」の手法（3-3-3で解説）と、「⑧定性的な理解」の手法（3-3-4で解説）があります。

　通常多くの書籍では、顧客理解はデータ分析とマーケティングいずれかの視点のみで語られますが、筆者たちはそれら両方の観点が必要と考えるため、本書ではデータ分析とマーケティングの垣根を越えた形で併せて説明します。

3-3-1　⑤顧客構造からの課題発見
デモグラフィック情報の分析（デモグラ分析）
　顧客構造の理解を行うに当たり、初めに行うべきは「デモグラフィック情報の分析」です。デモグラフィックとは、性別、年代をはじめとした居住地域や職業などの人口統計学的な属性を指します。対象事業について、どの性別や年代の人が、どの程度使ってくれているのかは顧客理解の基礎中の基礎であり、通常ビジネス担当者は常識として把握してい

ますので、ビジネストランスレーターとしては真っ先にキャッチアップしておきたいところです。

　昨今では、価値観が多種多様化していることを理由に、ログなどの行動情報を重視してデモグラフィック分析を軽視する傾向が一部であります。その判断は半分正しく半分間違っています。確かに同じ20代男性でも学生と社会人、都心と地方、インドア派とアウトドア派などでは生活習慣も何もかも違うため、性年代だけで顧客の価値観を決めつけてしまうのは正しくありません。しかし一方で、統計的に顧客を見ると明らかに性年代ごとの傾向や特徴が今なお出ることも事実です。普段から接する媒体や情報源（マスコミ、ウェブ/SNS）、家族構成や仕事上の立場などの類似性から、ある程度傾向は自然と似通ってくるのです。顧客理解とは、各関係者の間で顧客イメージの認識差をなくし、ビジネス現場の担当者と同じ顧客イメージを思い浮かべられるようにすることです。そのためには性年代の認識は第一に合わせる必要があるでしょう。

　もしデモグラフィック情報を把握しないまま課題設計を進めてしまうと仮説を誤る危険性があり、分析結果の解釈にズレが生じ、最終的な示唆や施策もビジネス現場の担当者に響かない、あるいは誤った提案となってしまい良い結果を生まないことになりかねません。必ず確認しましょう。

　確認の仕方としては、社内にCDP（Customer Data Platform）などの顧客データを管理するプラットフォームがあり、既に事業や会社全体で活用できるデータが蓄積されている場合は、そのプラットフォームを使って集計分析します。CDPというのは、会員情報や行動履歴、購入履歴など、事業やサービスに関わる情報を一元的に蓄積、活用できるようにしているプラットフォームのことで、データベースとして情報を蓄積するだけでなく、分析を行ったり施策に必要な情報を抽出したりできます。

CDPはここ10年ほどで急速に広まり、多くの会社が利用しています。実際に商品やサービスを利用した方の顧客情報が蓄積されますので精度が高く、利用情報と組み合わせることでより詳しい顧客理解ができます。CDPから必要な情報を抽出するに当たってはSQLの知識があると便利です。SQLはデータベースを制御するための言語で、使うにはハードルが高いと感じるかもしれませんが、基本的な情報検索用の構文は非常に簡単です。

　本書では具体の構文までは触れませんが、データ管理者に依頼しなくてもビジネストランスレーター自身で必要な情報を入手できるようになれば、仮説検証のスピード感が上がり、柔軟な切り口で分析可能性を検討できますので、可能であれば、SQLを覚えて、自らデータにアクセスできる環境を構築することをお勧めします。

　CDPなどのプラットフォームがなく、社内で顧客データを管理していない場合は、アンケートなどを実施して顧客情報を入手する方法があります。社外のアンケート会社などに依頼する場合でも、「自社の事業（商品・サービス）を知っている人」「自社の事業（商品・サービス）を利用している人」などに絞って情報収集することが可能です（スクリーニングといいます）。アンケートについては後ほど改めて触れますが、デモグラフィック情報だけでなく、ブランドの認知や今後の利用動向など、多くの情報を入手できる利点があります。ただし、費用と期間がかかるため、プロジェクトの制約を考慮したうえで、アンケートを実施するか、どのアンケート会社を用いるか、個別に判断する必要があります。

　集計された結果を確認する際は、どの年代に最も支持を得ているか、より改善の余地があるターゲット層はどこかという観点で見るとよいでしょう。例えば、**図表3-10**のようなデータがあったとします。このグラフを見ると40代や50代の顧客が中心で、10代や20代にはあまり使わ

れておらず、ここに改善の余地があるように見えますが、実は落とし穴が何点かあるので説明します。

　まず、グラフには50代までしか載っていませんが、60代や70代など、他の世代は購入していないのでしょうか。もしかすると、ウェブアンケートである都合上、60代以上からはそもそもアンケートを回収できていないという可能性があります。あるいは、集計者の判断で、実は50代の項目は「50代以上」として集計したもので、60代や70代が一緒に含まれているかもしれません。そうだとするとこのグラフは正確な顧客分布を表しておらず、実は50代の購入者が少ない、という可能性を見逃している可能性があります。

　さらに年代に関しては、日本の人口分布を考慮する必要があります（アンケート調査設計時にこの分布を考慮したうえで取得する場合もあります）。**図表3-11**は、**図表3-10**の顧客を「日本の各年代の人口」に占める割合で示したものです。すると、10代や20代が最も獲得できており、中心顧客だと思っていた40代が最も割合が低いことが分かります。この場合、戦略としては40代をもっと獲得する方向で進めた方が獲得し得るターゲットの規模が大きくなります。

　事業の顧客分布を分析する際は、**図表3-10**のような絶対数だけでなく、**図表3-11**のような比率の観点でも見る必要があります。

マーケティングファネル

　「マーケティングファネル」とは、生活者が商品・サービスを購入・利用するに至るまでにたどる行動の過程を表したものです。最近は購入することがゴールではなく、リピートや他者に推奨するフェーズも加えた「ダブルファネル」を使うことが多いです（**図表3-12**）。ファネルとはじょうごのことで、図にあるように、じょうごのようにどんどん狭まっ

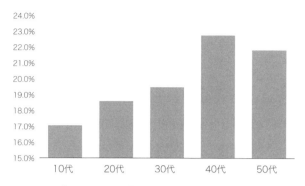

図表3-10 ある事業における顧客分布の例

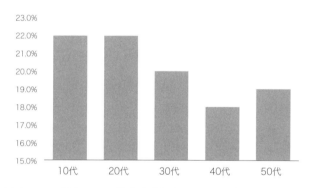

図表3-11 図表3-10の顧客を「年代人口の割合」で示したもの

図表3-12 ダブルファネル

ていく形になります。

　商品やサービスを「認知」していても、そのすべての人が購入するわけでなく、「興味関心」を持つ人、「比較検討」する人と、どんどん数が少なくなっていきます。それぞれの数を把握できていれば、そもそも認知してくれている人が少ないのか、興味関心を持ってくれている人が少ないのか、リピート購入してくれる人が少ないのかなど、どの点で顧客が離脱してしまっているのかボトルネックとなっているポイントを発見でき、事業の課題や戦略を検討する際に役立ちます。

　この集計は、主にアンケート調査を用いて実施します。設問として「この商品（サービス）を知っていますか」「この商品（サービス）について調べたことがありますか」「過去1年間に何回くらい購入していますか」といった設問で、各段階の人数を推定します。

　ウェブ系のサービスであればGoogle Analyticsを活用でき、そのデータが会員IDなどの顧客のIDにひも付く形でCDPに連携されていれば、CDP上で他のデータを掛け合わせることも可能です。Google Analyticsでは「サイトの商品ページを見ている人」「一定期間に何度もサイトに訪れ商品を見ている人」の数が把握できますので、前者を「認知」、後者を「興味関心」など、ある程度アタリをつけて数を集計することで規模感の把握が可能です。さらにGoogle Analyticsの場合、来訪者の属性や趣味嗜好、どのページで離脱しているかなども分かりますので、顧客の理解を深めつつ課題を発見するのに役立ちます。

　ファネルの応用として、認知・興味関心・比較検討の層を個々のチャネルごとに分解し、どのチャネルからどのように購入につながっているか全体像を把握することも可能です。これは筆者が「拡張ファネル」と呼んでいる手法で、より具体的なボトルネックポイントを発見する際に

おいては非常に有用です（**図表3-13**）。

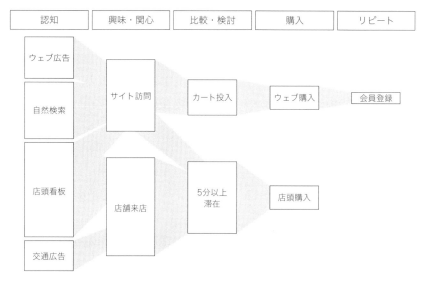

図表3-13　拡張ファネル

3-3-2　⑥優良顧客を発見する

「どういう顧客がどういう割合で存在するのか」を知るには前項で説明した方法で十分なのですが、課題解決を目的としての現状理解という文脈では、もう一歩顧客構造を深く理解しなければならない場合があります。例えば、ECサイトの売上向上を目的とする場合、デモグラフィックの分析をしてどのような性年代の顧客がいるかを知れば一見顧客理解としては十分に感じますが、その後実際に施策を実行するとなると、施策は対象者数に応じてコストがかかりますので、特定の性年代の人すべてに一律同じ施策を実施するという判断はなかなかできません。

一昔前、マス広告が中心であった時代ならともかく、今の価値観多様化の時代では、同じ性年代でも趣味嗜好や考え方は多岐にわたるため、

同じ施策が全員に響くとは限りません。そこで、デジタルマーケティング手法の広まりとともに、顧客を分類して優良顧客を発見し、特定の層のみ、あるいは優先順位をつけて施策を実行する効率性を追求するやり方が一般化されてきました。

　そもそも優良顧客とはどういう顧客を指すのでしょうか。それは事業戦略に依存しますが、次のパターンに分けられます。

（1）当事業への過去貢献実績（売上／利益）が高い顧客
　　→RFM分析、顧客ポートフォリオ、デシル分析で把握する。

（2）当事業への今後の期待貢献度（売上／利益）が高い顧客
　　→分析モデルに基づくスコアリング、期待LTVで把握する。

（3）当事業の商品・サービスを愛顧いただいている顧客
　　→継続期間、ロイヤルティ指標（満足度、推奨度）で把握する。

（4）当事業の商品・サービスを周囲に薦めてくれる顧客
　　→口コミ数、インフルエンサー影響力、顧客紹介数で把握する。

　本書でこのすべてを説明すると紙面が足りませんので、ここでは基本でもある「(1) 当事業への貢献実績が高い顧客」を優良顧客とした場合の分析手法について紹介します。

RFM分析

　「RFM分析」は、「Recency（最近の購入日）」「Frequency（購入頻度）」「Monetary（購入金額）」を基に顧客を分類する代表的な手法です。デジ

タルの手法が広まってから、ある人が何回訪れているか、いつ訪れているか、リアルタイムに測定できるようになりました。

　この3軸で分類するのは、最近購入してくれた人（つまり最後に来てから時間がたっておらず、今も使い続けている可能性の高い人）、何度も購入してくれる人、多くの金額で購入してくれた人というのは、またリピートしてくれやすいという特徴があるからです。そういった顧客を見つけ出し、優良顧客として定義して優先的に施策を打つことが考えられます。

　注意点は、Recency、Frequency、Monetaryの重要度は決して同じではないため、何も考えず同じ重みづけをしてスコアリングすると誤った判断につながりかねないことです。例えば、Recencyをそこまで重視しないデータ分析者もいます。商品・サービスによっては、顧客がどれくらいの間隔で購入するかがある程度分かり、平均して1カ月に1回使われるサービスがあったとします。そうしたサービスを毎月使っている人と、普段はあまり使わず3日前に半年ぶりに使った人がいたとすると、Recencyの観点では後者の方が良いお客様となってしまいますが、普通に考えれば前者の方が良いお客様です。ではRecencyはあまり影響しないかといえばそうではなく、テレビ通販などで扱う商品や、普段あまり意識しないが一度買うと何度か立て続けに買いたくなってしまう商品などは、Recencyが短い方が明らかにリピート購入しやすい傾向が出ます。

　対象事業や優良顧客の定義によっては、Monetaryも必要ではない場合があります。例えば、総合通販のように多彩な商品を扱っていて単価が大きく異なる場合、家電製品を購入してくれる人はMonetaryが高いため優良顧客で、食料品や消耗品を購入してくれる人はそうではない、との判断になります。しかし、年に1回家電製品を購入してくれる人と毎月食料品を購入してくれる人だと、満足度や推奨度などの顧客ロイヤルティ指標や、LTV（Life Time Value：顧客生涯価値）による今後の売

り上げや利益は後者の方が期待できる、ということがよくあります。このように、Monetaryは、単価が大きく異なる商品が混ざっている事業やサービスの場合、必ずしも有効に機能しない場合があるのです。

　そのようなことから、筆者は個人的に、最も安定的に優良顧客を示すRFMの要素はFrequencyだと考えています。さらに一歩進んで、顧客一人ひとりを深く理解する場合には、過去の期間と直近の期間でFrequencyに差分があるかを見ます。一定期間で区切ったとき、期間が最近になるにつれFrequencyが高まっているユーザーは、その事業やサービスが日常の中に受け入れられたと考えることができます。この過去の期間と直近の期間でのFrequency差分は、優良顧客を見つけ出すのを目的とする機械学習の説明変数としても有効です。

　また、健康食品会社のやずやが提唱する顧客ポートフォリオマネジメントという考え方では、RFMに加えて「在籍期間（初回購入からの期間）」という要素も考慮に入れます。RFMだけでは、短期間で急激に何度も商品を買った顧客と、長年定期的に商品を買い続けてくれている顧客との違いを表すことができません。急激に購入された顧客は熱しやすく冷めやすいという言葉の通り、急に購入しなくなる（離脱）ことも多く、一方で時間をかけて買い続けてくださる顧客はその後も継続し続けてくださることが多いものです。

デシル分析

　Monetaryは有効でない場合があるという話をしましたが、扱っているジャンルが同じものが多い専門通販系の事業やサービスにおいては、Monetaryは有効な指標となります。そのMonetaryに特化した分析が、「デシル分析」です。

　デシル分析とは、全顧客を購入金額の大きい方から並べ、ほぼ均等に

なるように顧客を10のグループに分ける分析手法です（**図表3-14**）。グループごとの購入金額の累計がいくらになるかを見たり、どのグループまでで売り上げの何%を占めるのかを調べたりするのに使います。非常にシンプルで簡単なため、現場に浸透させて誰もが使える手法として普及させることがあります。

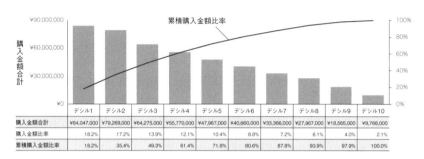

図表3-14　デシル分析

ただし、RFM分析の際に最も重要と述べたFrequencyの観点が入っていないため、1～2回しか買っていないが大量買いした顧客が上位に来ることがあります。そうした顧客は再度購入してくれる可能性は高くないため、本当に優良顧客としてしまってよいかは疑問です。顧客理解の文脈においては、軸が多いRFMの方が顧客のことがよく分かり、優良顧客としての精度も上がりますので、通常はRFM分析を使うことをお勧めします。大まかに顧客層の規模感を把握する場合などにデシル分析を用いるとよいでしょう。

3-3-3　⑦定量的に理解する

ここまで「顧客構造の理解」によって、どういう行動をしている人がどの程度いるかを把握してきましたが、課題解決という文脈においてはそれだけでは不十分です。仮説を立て施策を打ち、より多くの顧客を獲

得して利用してもらうには、顧客自身がどういう顧客であるかまで深く知ることが重要になるため、ここからは「顧客自体の理解」を行います。

　顧客自体を知る方法には「定量的な理解」と「定性的な理解」があり、ここでは定量的な方法を説明します。

アンケート調査

　顧客自体を定量的に知る方法として、アンケート調査があります。事業やサービスの存在を知っているか、興味を持っているか、どこが好きで利用しているか、利用のきっかけは何か、自社や競合についてどんなイメージを持っているかなど、様々なことを聞くことができ、かつそれを定量的に知ることができるため顧客理解に欠かせません。競合他社についても把握できるので大変便利です。

　例えば、前述した顧客構造の理解で、「月3回以上利用してくれる人が全体の10%いる（一般的な顧客の利用頻度が月1回）」という結果が出たとしましょう。そういう人がいることを理解し、重要顧客と位置づけることはできますが、そもそもなぜ月に3回も利用してくれているのか、その理由は顧客構造の理解では分かりません。そのようなときに、「周りの人にお薦めされたから：30%」「CMで見たから：25%」「雑誌や比較サイトで調べて良いと思ったから：20%」など、理由を定量的に測ることで、顧客理解を深め、仮説の導出やその後の施策検討が進めやすくなります。また、先に仮説を立てていたときに、その仮説が正しいかを検証するためにもよく使われます。

　自分の考えと顧客が思っていることが同じとは限らず、さらに顧客1人に聞いてもそれが全体に言えるかどうかは分からないため、定量的に測定した結果をもって説得力を持たせます。ある一定以上の規模の調査を実施すれば、統計学的にすべての日本人に調査をしたのと近似の結果

を得ることができます。

　便利なアンケートですが、利用するに当たっては注意事項が多くあり、なかなか奥が深いです。まず、アンケートの設問が誘導尋問になっていたり、回答の選択肢が十分になかったり、あるいは選択肢が的外れであったりすると、正しい結果を得られません。

　アンケート回答者（モニター）の属性が極端に偏っていないか、ふさわしい人が答えているかも要注意です。例えば音楽サービスについてアンケートするとき、そもそも音楽に興味がある人が回答する傾向があるかもしれませんし、住宅情報についてアンケートするときは、いつか家を買いたいと思っている人が回答するかもしれません。このように、アンケート結果は必ずゆがみ、偏りが生じます。

　これら偏る要因をすべて排除することは不可能ですが、調査をせずに仮説導出や検証を進める方がよりリスクが高いため、「偏りがあるものだと理解したうえでアンケート結果を利用する」というマインドが必要となります。会社や業界によってはこうしたマインドを理解してもらえず、アンケート調査自体を拒否されたり、アンケート調査を決行しても結果を受け入れられなかったりします。アンケートについて「そういうものだ」として十分に理解してもらってから進めるようにしましょう。

　定量調査で意識することは、「アンケートの回答は論理的でない場合がある」「主観的な事実であるため、客観的事実とは異なる場合がある」ということです。「主観的な事実や意識を定量的に測るもの」として利用します。また、聞き方にも注意が必要です。例えば、事業の状況が芳しくなく、商品を顧客が買ってくれなくなってきている場合、顧客理解としては「なぜ買わないか」を聞きたくなるものです。しかし、「なぜ買わないか」は聞いても意味がありません。それは、買わない理由には意

味があまりないからです。

　顧客の「購買意欲」を、どちらでもない状態はゼロ、何かしら買う理由があるとプラス、買わない理由があるとマイナスにて表すとします。その場合、なぜ買わないかを聞いてその理由を潰すことは、マイナスがゼロになるだけであって買う理由にはならないのです。マイナスを潰すことにリソースを投入するような施策を提案して受け入れられたとしても、結局売れるようにはなりません。

　また、匿名のアンケートであっても、人は自分を良く思われたいものですから、回答できると賢く見られそうな選択肢や、良い人と思われそうな選択肢は高くなる傾向がありますので注意が必要です。

　それ以外にも、海外と日本では数字の基準が異なることがあるので注意が必要です。日本では 5 段階評価の場合「普通、まあまあ」は 3 だと思いますが、国によっては「4」を普通にすることがあります。アンケートした結果、平均「4.1」なら日本の感覚でかなり良いと解釈しますが、実施した国によってはほぼ平均値を示しています。そのような地域性があることも心に留めておきましょう。

顧客行動分析

　5D フレームワークの Design フェーズで良い仮説を見つけるために、顧客が具体的にどのような行動をとっているか、一人ひとりのデータを個別に事細かに追うのが「顧客行動分析」です。顧客の全体像を把握するには平均値や中央値などの統計値を使って確認しますが、それでは具体の顧客像まではイメージできません。より具体的に顧客がどう行動しているかを感覚としても理解するためには、個人ごとの行動データを深く読み込んでいく必要があります（N1 分析といいます）。すべての顧客の行動を見ようとすると、個々人の行動の特徴は平均化されて見えなく

なってしまいます。平均などの統計値だけを見てもユーザーの本質には迫れないのです。

「なぜ使うのか」「どう使うのか」を分析する仮説を立てるには、極端にFrequencyやMonetaryが高い、いわゆるエクストリームユーザー（極端な使い方をしているユーザー）に絞り込むと特徴をつかみやすくなります。例えばECの場合、エクストリームユーザーの初回利用から直近の利用までの購買やサイト内行動のデータを時系列ですべて抽出します。最低限いつ、どこで、何を、どうしたという情報は欲しいですし、可能であれば閲覧日時や購入日時、どの経路から流入して、どのページや商品を、閲覧・購入・資料請求したかといった情報も見ます。

そのような情報を時系列で若い方から並べ、1回目の購入や利用に至るまでどのような行動をしていたか、購入したときはいつ何を購入したか、次に購入したのはいつでその時はどういう行動をしているか、というのを目視で見ていきます。その際手元に商品やサービスを用意し、顧客の行動をトレースできると、なお良いです。それを繰り返すことで、どういうときに商品やサービスが使われて、その時にどういう心理だったか、だんだんと推測できるようになってきます。

エクストリームユーザー全員の行動の詳細を見るのは大変なため、まずはトップ10くらいの人を見るところから始めれば十分です（ただし、あまりに異常な購入回数・金額の顧客は除きます）。特徴的な行動が見えてきたら、今度はその要素を定量的に測定し、同じような行動をしている顧客がどれくらいいるかを調べることで、顧客を定量的に把握していきます。

筆者は以前、フードデリバリーサービスの顧客行動分析をしたことがあります。Uber Eatsが広まる前のことで、出前といえば週末に家族が

頼むことが多いといわれていた頃のことです。エクストリームユーザーとして、毎晩のように1人分を注文しているお客様を分析しました。注文時間は比較的遅めで、会社帰りであることが想像でき、22時以降の注文もちらほら見られました。当時は夜遅くの出前に対応している店が少なかったので、数店をヘビーローテーションしていました。そうした情報とデモグラフィック情報を重ね合わせることで、「一人暮らしで、会社帰りに疲れて帰ってきて料理する元気もなく、温かくておいしいもの食べるために出前サービスを使っている」需要があるだろうという結論に至りました。

そこから性年代、利用時間、注文金額、注文内容、場所などで条件を絞ってデータ分析すると、地方にそのような需要が多くあるのが見えてきました。今では当たり前のように1人用OKや22時以降OKの店も増えていますが、新型コロナウイルスやUber Eatsが広がる前からそのような需要は存在していたのです。

顧客行動分析を行う際は、まずエクストリームユーザーに焦点を当

図表3-15　カスタマージャーニー（車の乗り替えの場合）

ステップ	検討スタート	調べる	ディーラー来店	試乗
顧客行動	• 旅行で移動機会が増える • 車検が近付く • 町で他の車を見かける	• サイトで車を調べる • ウェブで他社比較する • 家族に相談する	• 家族でディーラーに行く • 実際に車を見る • 営業と会話する • 見積りをもらう • 納期の確認	• 家族で試乗する
コンタクトポイント	• 担当営業からの電話 • 車検のDM • TVCM	• HP • 口コミ • 比較サイト • ウェブ見積り • 家族	• ディーラー • 営業担当者 • カタログ • 見積書	• 試乗車
思考感情	• 長く乗れる車が欲しいしそろそろ買い替え時かも • 長距離でも快適に過ごしたい	• ウェブで評判の良い車を選びたい • いくつかの候補を実際に見てみたい	• 営業にお薦めされた車が欲しくなってきた • 納期が長いな • 早く車に乗ってみたい	• 待ち時間が長い • すごく乗り心地が良かった • 試乗時間が短くてよく分からない

て、抽出した後は顧客の気持ちになって心理や特徴的な行動を見いだします。そしてその特徴を再度条件として、全体の中で同じような行動をしているような人がいるかどうかを見極めます。そうすれば、良い仮説を立てることができるでしょう。

3-3-4　⑧定性的に理解する

　顧客理解を深めるに当たっては、「実際顧客はどう思っているのか」を定性的に把握すると、心理的な背景を含めて理解でき、Designフェーズで仮説を立てやすくなります。ここでは簡単に理解が深まる手法として「カスタマージャーニー」を、少々大変ですがかなり理解が深まる手法として「デプスインタビュー」の2つを紹介します。

カスタマージャーニー

　カスタマージャーニーは、定性的に顧客を理解するに当たり最も有名な手法です。直訳して「顧客の旅」という名の通り、顧客が商品やサービスの存在を知り、興味を持ち、購入に至るまでの流れ、あるいは購入後利用する段階に至るまでの流れを可視化したものです（**図表3-15**）。

持ち帰って検討	ディーラー再訪	成約	納車
・各社見積り比較 ・他ディーラーを調べる ・オプションを検討する ・ウェブで何度も調べる	・不明点を確認する ・オプションについて営業と話す	・価格交渉する ・保険を検討する ・諸手続きを依頼する ・金利を確認する ・契約する ・入金する	・ドライブやアウトドアの計画をする ・アクセサリ　パーツを購入する
・カタログ ・見積り ・担当営業からの電話 ・比較サイト	・ディーラー ・営業担当者	・ディーラー ・営業担当者	・ディーラー ・営業担当者
・営業の電話がうざい ・奥さんにどう許可をもらおうか？ ・アウトドアをネタにしたらOKしてくれた！	・不明点もクリアになったし、今日決めてしまおう	・値引き交渉がうまくいってうれしい ・金利は気になる ・保険の金額はあまり気にならない	・どこに行こうか楽しみ ・新車の匂いがイイ！ ・家族も喜んでくれてる！

商品やサービスを知って興味を持つところから大きく把握する場合は、AIDA、AIDMAなど顧客の購買行動を表すモデルとして有名なものに沿って、行動や感情の推移を記載し、その変遷を理解する、という使い方をします。

　ECであれば、サイトやアプリを訪れてからどのページで何を行い購入に至るか、という使い方をする場合もあります。さらに、購入をゴールとせず、購入した商品が到着して実際に使うところまでをスコープに入れたり、保険のように契約から実際の利用が離れている場合、利用までをスコープに入れたりすることもあります。

　使うタイミングや目的としては「顧客を定性的に知りたい」「顧客の立場で有効な施策を検討したい」ときに作成することが多く、顧客をよく知る現場の人が何人か集まって作成したり、実際に顧客にヒアリングをしたりして作ります。また、自身がそのサービスを使ったことがある場合は、自分一人で作成し、行動や感情の流れを整理することもあります。

　注意点としては、すべての顧客を1枚のカスタマージャーニーで表すことはできないということです。何かしらのセグメントで切って、共通する要素が多い顧客群単位で作成が必要となります。特に複数のグループで顧客のことを想像しながら話してカスタマージャーニーを描く場合、いろいろな顧客が混ざり合い適切なカスタマージャーニーとならないことがあるため注意しましょう。

　そういった場合は、先にペルソナを決めておくことで顧客のイメージをそろえることができますが、ペルソナが実際の顧客とずれていると、本来は存在しない顧客を基にカスタマージャーニーを作ってしまうため注意が必要です。また、行動や感情を推測する際、慣れないうちはいつの間にか「自分」の思考のままで行動や感情を考えてしまいがちですが、

それではカスタマージャーニーを作る意味がありません。第1章でも述べた「同質化」を徹底し、ペルソナに憑依したつもりで実行することが重要です。

デプスインタビュー

　顧客理解において、最も的確に顧客のことを知る手法としてインタビューがあります。顧客に直接聞いてしまうという手法です。グループにインタビューする方法と、1人に対し深くインタビューする方法がありますが、ここでは特に1人に対して深掘りする「デプスインタビュー」を紹介します。

　デプスインタビューとは、調査会社などを介して話を聞きたい相手を選定し、実際にやりとりしながら話を聞き、示唆を得たり課題を見つけたりすることを目的に行う調査です。当然、一人ひとり別のことを言ったり別の反応を示したりしますので、どういう人に何を聞くか、ターゲット選定と聞く内容は事前に十分に吟味する必要があります。しかしながら、ある人を深掘りし、普段何に興味がある人で、商品やサービスを知るきっかけは何で、どういうふうに使っていてどこが良いと思っていて、今後も使うか、どうしたら継続的に使ってくれるか、などをストーリーとして聞くことができるため、最も顧客理解を深められます。

　デプスインタビューを行う理由としては、既存のアンケート調査を見ただけでは顧客のことが十分に分からない、デモグラフィックの集計を行ったときに意外な層から支持を得ていたが理由が分からない、顧客について仮説ばかりで確証が得られていないのを検証したい、現場を含めて顧客理解が浅いと感じるなど、いろいろありますが、顧客に直接話を聞かないと分からないことを明らかにするために利用するとよいでしょう。

　デプスインタビューは顧客を理解し、対象者の話す内容や態度から示唆を得る手法であって、統計的な回答にはなりません。「このように言っている人が多い、だから我々はこうすべき」という結論を導くことはできず、そのような結論を導きたい場合は、アンケート調査を行います。

　ターゲットの選定が重要です。メインターゲットの30代女性にだけ話を聞きたいなど目的がはっきりしている場合はよいのですが、顧客全般について顧客理解を深めたいときに誰にインタビューするか困ることがあります。そのような場合は、顧客構造を意識し、知ってはいるが利用したことのない人、利用しているけど優良ユーザーではない人、優良ユーザーの人、最近利用しなくなってきた人など、使い方が異なる顧客に話を聞くことをお勧めします。

　実態として使い方がどう異なるのか、どこを良いと思っているか、どこがダメだと思っているか、それぞれ異なる意見を聞くことができるため比較もしやすく、顧客理解を深めるだけでなく課題や仮説も発見しやすいです。特に、優良ユーザーの人とそれ以外の人の差分を見ると課題がはっきりしてきますので、顧客全般について聞くときはお勧めです。

　類似の手法にグループインタビューがあります。これは何人かの人を呼んでグループにし、グループに対して質問をするというものです。こちらから質問するだけでなく、グループの中で自由に発言、ディスカッションしてもらうことで共通するインサイトが見つかり、デプスインタビューよりも多くの意見を集めやすいです。一方でバイアスが掛かりやすく、ある人が言っていることに他の人も引きずられ、意見が変わってしまうケースもあります。

　デプスインタビューは「1人を深掘りする」ことから他者の意見に左右されにくくなるため、数を求めずリアルな声を聞きたい場合にふさわ

しい手法です。もう少し多くの意見を聞きたい、グループの話し合いの中から何か新たなヒントを得たい場合はグループインタビューを用いるとよいでしょう。どちらにしろ、40分から1時間ほどのインタビューになることが多く、アイスブレイクやバイアスを掛けにくい聞き方などコツが要るため、慣れないうちは調査会社に依頼することをお勧めします。

　自分たちでインタビューを実施するなら、仮説を頭に浮かべながらターゲットを見ること、表情やしぐさ、態度、感情まで含めて観察することです。ただ話を聞くよりも、ちょっとした変化や、思っていたことと違うことを言われた時の反応などで気づきが得られます。

　実際に顧客から話を聞くと、アンケート調査結果よりもインタビュー結果の方に心を動かされます。感情移入してしまい、インタビュー結果がすべてだと思ってしまうことが多いため、「少なくともこう考える人がいる」という程度にとどめておくよう意識して使いましょう。

3

コラム　ビジネスエスノグラフィー

　「課題解決のため」と考えると実施することは少ないですが、顧客理解をデプスインタビューよりもさらに深める手法として、ビジネスエスノグラフィーと呼ばれる手法があります。エスノグラフィーとは、もともと文化人類学において、特定の文化や民族を深く研究し理解するため、様々な行動に同行し観察を繰り返すことでその行動様式や価値観を理解する手法です。それをビジネスの世界に流用したのがビジネスエスノグラフィーです。

　ビジネスエスノグラフィーでは、文化人類学のエスノグラ

フィーと同様に様々な行動に同行し観察します。デプスインタビューのように顧客から話を聞くだけでなく、実際にその場に訪れ、顧客がどのような行動をとるのか、その時の本人の表情、しぐさ、周囲の様子などをリアルに感じ取ることができるため、顧客理解が非常に深まります。

　例えばある有名ドライヤーメーカーは、社員が実際に美容院を訪れ、美容院で店員がどのようにドライヤーを使うかをひたすら観察しました。普段どこに置いてあるのか、立てかけてあるのか、持ち出すときはどうするのか、重たそうにしているのか、どこかに引っ掛けたりしていないか、使うときには何を重視しているか、ドライヤーは何の目的で使われているか、使い終わった後はどう保管されているか、などなどありとあらゆることを観察し、結論を導き出し、そこで得られた示唆を基に開発したといいます。そのように深い洞察に裏付けされ顧客が何を求めているかを把握した製品は、今なお大ヒットしています。

　あまり長い期間行うのが難しい場合でも、ほんの少し現場に出向くだけで必ず気づきはあります。あるポイントサービスでは、担当社員がそのポイントを導入している店舗を訪れて観察しています。30分見るだけでも、どういうお客さんが多いか、ポイントカードを出してくれる割合がどれくらいか、ポイントの使い方など様々なことが分かるようです。

第 4 章

ビジネストランスレータースキル4
「データ解釈基礎力」

4-1 データ分析者とビジネス担当者のコミュニケーションを円滑にする勘どころ

4-1-1　専門人材と非専門人材

　第1章〜第3章では、ビジネスの本質を理解し、ビジネス現場に入り込むスキルについて説明しました。一方でビジネストランスレーターは、データ分析者に対しても理解を深め、ビジネス担当者との間をとりもってプロジェクトを進めなければなりません。説明を簡単にするために、本章ではデータ分析の専門知識・スキルを持つ人を「専門人材」、そのような分析知識・スキルを持たない人を「非専門人材」と呼ぶことにします。ビジネス担当者は非専門人材、データ分析者は専門人材になります。ビジネストランスレーターは専門人材と非専門人材のコミュニケーションを円滑に進める役割を担います。本章ではそのために身に付けるべきスキル「データ解釈基礎力」について紹介します。

　データ分析プロジェクトでよく聞くのは、専門人材が使う用語や提案内容が難しくてよく分からず、専門人材がそう言っているのだから恐らく間違いはないのであろうと無条件に信用し、結果として認識ズレを放置したままプロジェクトを進めてしまい失敗するケースです。あるいは、専門人材の説明に違和感を抱きつついくつか質問を投げたものの、何度質問しても返ってくる答えは的を射ず、結局確認や改善を諦めてしまうというのもよく聞く話です。

　これらは、データ分析プロジェクトだけではなくシステム開発案件や法務相談においてもよくある話ではないでしょうか。一般に、非専門人材は専門人材からの提案に対し、専門的な説明を十分に理解しきれず、不自然さを感じつつもうまくそれを指摘できない、あるいは、指摘した

としても専門用語でけむに巻かれ、必ずしも納得ができないまま時間切れで実施判断をしてしまう、ということになりがちです。その結果、愚にもつかない分析結果や成果物ができてしまうということになります。本章ではそうならないようにすることを目的にしています。

4-1-2　認識ズレを防ぐ「目的共有」

　専門人材と非専門人材の認識のズレを防ぐための第一は、事前に「目的共有」を徹底することです。当たり前のことではありますが、目的共有が正確にできていれば大きな認識のズレは起こりません。うまくいくデータ分析プロジェクトでは、データ分析者がビジネス担当者に対して「最終的に何を達成したいか」「分析結果を通じて具体的にどう活用したいか」を質問してくれます。ただ、残念ながらそこまでしてくれないデータ分析者は少なくなく、「依頼された成果物を出せばいいのだろう」というスタンスでプロジェクトに参加しているケースもあります。

　非専門人材が専門人材に「最終的に何ができればビジネスとしてうれしいのか」を、戦略・戦術・施策のそれぞれの粒度で伝えていく必要があります。ビジネストランスレーターはそれが確実に実施されるように支援するのです。その際、目的共有は「○○施策の○○を改善したい」といった説明になることが多いのですが、これは戦術粒度の目的共有です。もちろんこのような共有も必要なのですが、戦略粒度・施策粒度での目的共有も進めることをお勧めします。

　戦略粒度の目的というのは、「○○の売上向上・◇◇の利益率改善」など、当事業が重点課題として解決したいと考えているKGIやKPIの改善です。データ分析作業は多くの場合、思うような結果が1回で得られることはありません。何度もパラメーターや集計軸・説明変数などを変えながらトライアルを繰り返し、活用できそうなインサイトを引き出し

ます。戦略面の目的が曖昧であると、試行錯誤を繰り返す中で本来ビジネス現場が求めているものとズレが生じてしまう可能性があります。

　あらかじめ最終目的を明確化しておくことで、データ分析者はもし分析作業の方向性がズレ始めても自己修正することができます。当初依頼された戦術粒度の目的達成につながる成果物がどうしてもできない場合は、ビジネス現場が想定していなかった観点で代替案を提案することも可能になります。データ分析というのは必ずしも毎回有用なインサイトが得られるものではないため、分析担当者としても「何も成果物は出せませんでした」という報告をするよりは、戦略目的の達成に向けて、少しでも次の検討や仮説設計につながる成果物を提供したいと考えます。そのような観点でも、あらかじめ戦略粒度の目的を分析担当者に伝えておくことは意義があるのです。

　施策粒度の目的共有というのは、施策を実施するに当たって、ビジネス現場がどのような情報や数値があれば、施策に反映し、意思決定の判断に使えるのか、分析担当者がイメージできるように説明することです。分析の結果、例えば「利用後アンケートで満足度7以上の顧客は施策の購入率が30％高くなる」と分かったとしても、施策で用いるメール配信システムにアンケート情報をひも付けられなければ活用のしようがありません。あらかじめ「アンケート情報を格納したシステムとは独立したメール配信システムで施策を行う予定」と分かっていれば、分析データとしてアンケート情報を用いるのはやめようという判断になるかもしれません。

　各ビジネス現場が活用しているシステムや施策手法、外部連携先によっては、分析成果物に求められるフォーマットが指定されることもあるでしょう。施策システム上「CSVで作成した顧客IDリスト」形式での成果物が欲しいのであれば、そう伝える必要があります。企業によっ

ては顧客IDが複数種類あり、例えば「○○顧客ID」ではなく「◇◇顧客ID」の形式で必要ということもあると思います。その場合はそこまで明確に分析担当者に伝えましょう。分析専門人材の「当たり前」が非専門人材にとって「当たり前」ではないのと同じく、ビジネス担当者の「当たり前」は決して分析担当者の「当たり前」ではありません。「つい分析専門人材＝システムに精通している人」と思い込みがちですが、普段から該当システムを利用していなければ、細やかな勘どころは意外と分からないものです。

　また、「店舗単位で施策判断を行うため店舗単位で分析してほしい」と伝えたとします。それで十分でしょうか。もし普段、企業独自のエリア設定で店舗を分類しており、各エリア内で店舗比較ができるように分析結果を出してほしいという要望があるようなら、その旨も伝えなければなりません。また、店舗と一言で言っても郊外路面店と都心のテナント店ではまるで傾向が違うため、分析結果も分けて出してほしいなら、それも前もって伝えます。成果物を作成した後でそのような情報が後出しされると、分析担当者は作業をやり直さなければならなくなりますし、場合によっては分析手法自体から考え直さなければなりません。

　フォーマットや対象範囲だけではなく、それ以外の付帯条件があれば併せて伝えておく必要があります。筆者が以前担当した分析では、成果自体は非常に高評価を得たのですが、毎日のメール配信施策に使いたいため分析モデルを基に配信リストを日々提供してほしいと求められ、毎日の対応は現実的にできないとお詫びとともに断ったことがあります。もしあらかじめそのような要件が必要と分かっていれば、バッチファイルでビジネス担当者が自身で結果を最新化できるような「手軽さ」を意識した成果物を準備したことでしょう。Deployがうまくできず、ビジネストランスレーターとしては大失敗した事例でした。

4

　最終的に求めたい成果物やその条件は、具体イメージを可視化し共有しておくことで、より間違いが起きづらくなります。分析担当者も「自分の作業が無駄になった、それも最初に言ってくれれば避けられた」となれば面白いはずがありません。後から認識離齬が判明してビジネス担当者とデータ分析者の関係性を悪くすることにならないよう、ビジネストランスレーターとしては分析の前段階において伝え漏れがないか、きっちり確認を行うことが重要です。

〈代表的な条件例〉

- 分析対象の単位
  顧客単位、店舗単位、エリア単位、商品単位、チャネル単位、施策単位、など。

- 分析成果物の形式
  定性的なインサイト、数値、A か B かいずれが有意か、CSV 顧客リスト、Tableau ファイル、モデル、など。

- 必要な更新頻度
  単発、定期、不定期で随時。

- 除外する対象
  ビジネス現場が普段成績管理などを行う際に除外している対象（トライアル店舗、お試し商品、など）。

- 分析範囲
  全体か、ウェブだけか、優良顧客だけか、海外店舗や特異店を含むか、地方と都心を混ぜていいのか。

- カテゴリー分類

  ビジネス現場が、普段成績管理などを行う際に見ている分類や
  カテゴリー、特に事業独自のもの。

4

4-2 分析対象データの確認ポイント

　ここからは、データ分析者と「分析内容」について話をする際に、確認しておくべき具体事項について説明します。本節では特に、分析に使用する（または、使用した）データの妥当性を確認する際のポイントを紹介します。

　「データ分析により傾向や特徴をつかむ」ということは、分析するデータが「正しい」ことが前提となります。データ自体が正しくなければ、そこから得られたインサイトや数値は当然ながら正しくないものとなります。では、データが「正しい」とはどういうことでしょうか。ヒューマンエラーやシステムエラーで誤った数値やデータが入っているのは論外ですが、そのようなエラーが無かったとしても「今回の分析に使うデータとしては正しくない」ということがあります。それを分析の種類ごとに見ていきましょう。

　分析は大きく2種類に大別できます。「過去データを整理し、状況・傾向を理解すること」「理解した傾向を基に将来どうなるか、条件を変えたらどうなるかを予測すること」であり、ここでは前者を「理解」、後者を「予測」と呼ぶことにします。

　「理解」における“データの正しさ”とは、「理解」したい対象をきちんと表すデータであるかどうか、ということです。代表的なものとして、事業全体の顧客傾向を理解したいが、店頭の販売データは取得できておらずECの販売データしかない、という状況はよくある話です。任意でアンケート回答してくれた人のデータしかないということもあるでしょう。その場合、任意アンケートのため、商品やサービスに好意的な方、

あるいは逆に強い不満を持っている方しか回答してくれておらず、とがった意見を持った方のみのデータになっていることがあります。

アンケート項目においても、例えば満足度評価で10点に「大変満足」、8点に「満足」、5点に「普通」などと記載して収集したアンケートと、10点に「満足」、8点に「やや満足」、5点に「普通」などと記載したアンケートでは、同じ8点でも同列に比較することは当然できません。しかし、分析用データとしては同じ「8」という値で取り扱われがちです。

「予測」に用いるデータは、「予測」対象とできるだけ近い条件であるかどうかが大きなポイントとなります。例えば、店舗Aの商品Bについて来年1年間の売上予測をするのであれば、店舗Aの商品Bの過去データから予測するのが妥当です。どうしても店舗Aの商品Bの過去情報が入手できなければ、できるだけ店舗Aに似た別店舗の商品Bの販売データを使うか、商品Bに似た商品の店舗Aでの販売データから予測することになります。

例えば、一人暮らしの方の購買傾向を「理解」し、それを基に4人家族の方の購買傾向を「予測」しても、ライフスタイルが異なるのですから当然正しく予測できるはずがありません。また、ファッション商品など季節性の影響が大きい商品であれば、春に取得したデータで「理解」し（分析モデルを作り）、他の季節の売上「予測」を行っても失敗するのは当然でしょう。

しかし、理想的に条件をカバーしたデータというものはまず存在しません。あくまで取得可能な範囲のデータにおいて致命的に大きなズレがないかを確認することになります。30年前のデータで予測するのは妥当ではなくても、現在と3年前では顧客のライフスタイルや買い方の傾向がそこまで変わらないということであれば、3年前のデータを基に予

4

測しても問題ないという判断ができるでしょう。

　そのためにも、どのような環境でどう取得したデータであるか、それが「理解」「予測」を行うに当たり致命的なズレがないか、ビジネス担当者の視点で確認する必要があります。どこまでは許容できず、どこまでは許容してよいか、その感覚を経験で身に付けることが、データ分析におけるビジネストランスレーターに求められるスキルとなります。

　このような「データ」の確認は、分析に取り組む前のタイミングで行うことができれば理想ですが、どういうデータを使って分析するかは事前に分からないことが多いため、分析結果として出てきたタイミングで違和感を抱くことの方が恐らく多いでしょう。もし分析結果に違和感を抱いた際は、データ分析者に対して以下のような質問をします。

質問1「そのデータは、いつの期間のものですか」（期間）

- 季節／月／曜日／時間帯による傾向差を正しく考慮しているか（例：平日データで週末の分析をしていないか）。
- 期間内に、特殊なイベントや施策がないか（例：CM投下で販売量が一時的に激増した時期が含まれている）。
- 特定の施策期間に得たデータだけで分析してはいないか（例：年1回の感謝祭で取得したアンケートだけで分析）。
- そのデータを取得した時と現在で、販売環境や外部環境に大きな変化はないか（例：大手競合の参入撤退、主商品の変化、設備変更による取得データの変化、ウェブ販売開始、災害・コロナ影響、増税、など）。

　特に新型コロナウイルスは、消費者のライフスタイルを大きく変化さ

せ、あらゆる業界の事業環境に絶大な影響を与えました。コロナ前の
データをそのまま事業理解や予測分析に用いてよいかどうか、ビジネス
担当者としての判断をデータ分析者に明確に伝えましょう。判断がつか
ない場合は、コロナ前後で傾向差が出ているかどうか簡単な集計を依頼
し、傾向差がある場合は前後のデータを混在して利用しないよう注意し
ます。

　その他の事業環境の変化に関しても同様です。「○○年○月以前は、
主商品である◇◇が大ブレイクする前であったので今と傾向が違う」
「○○年○月以降は、事業を全国展開したので事業規模や売り方が明確
に変わった」「消費税10％への増税以降、購入者の購買傾向が変わって
いる」など、データ分析者はそのようなビジネス影響があることを基本
的に知りません。本当の意味での「データの専門家」はビジネス現場の
担当者に他なりません。もしビジネストランスレーター自身もあまり過
去のビジネス状況に詳しくないようであれば、ビジネス現場に詳しいベ
テランの方に同席してもらい、ベテランの方の肌感覚と合うかどうか、
情報を引き出しながら分析設計を進めるようにしましょう。

質問2「今回の分析対象に合ったデータになっていますか」 （チャネル／顧客／商品／地域）

> ・特定の偏ったデータしか入手できていないことはないか（例：
> 　ECサイトのデータしか取れていない、など）。
> ・理解／予測したいものが特定対象だけの場合、それに合った
> 　データになっているか（例：ロードサイド型店舗の販売分析を
> 　するのに、テナント型店舗のデータも混在している、など）。

　今回分析対象として活用しようとしているデータに偏りがないかを確

認します。というのは、一般的にどの業界においても、必要なデータがすべてそろっていることはめったにないからです。データ分析に必要な事業データを入手・抽出する作業は、非専門人材の方が想像する以上に難しいものです。なぜならほとんどの場合、ビジネス現場のシステムや工程は、あくまでその事業をうまく運用するために設計されており、そこで発生するデータを蓄積することには力を入れていないからです。

　限られたリソースの中で、使う見込みも無いデータをあえて管理するということは普通しません。「何に使われるかは分からないが、業務上の数値を毎日登録してくれ」と言われたらやりたくないと思って当然でしょう。システムも同様で、無駄な作業やデータ保存は設計上望ましくなく、データを蓄積するということは決して「当たり前」ではないのです。

　それだけではありません。データが蓄積されていたとしても、事業運用は基本的には拠点ごとに行われるため、データもそれぞれの拠点で蓄積・管理されることが多いです。例えば、ECサイトのデータとリアル店舗のデータが別管理になっているというのは、よくある話です。必要なデータがどこのシステム（あるいは紙）で管理され、抽出する権限は誰が持ち、誰に何の説明を行いどのような手順を踏めばデータを入手できるのか、一つひとつ調べていく必要があるのです。そのような状況を考えれば、データ分析者の手元にあるデータが本当に事業全体を網羅したデータとなっているのか、無確認のままデータ分析プロジェクトを進めてはいけません。

　ビジネストランスレーターは、今回の分析で理解／予測したい対象が何であるか、改めて整理します。郊外ロードサイド型店舗の販売改善を行うにもかかわらず、販売傾向が異なる都市型テナント店舗のデータが混ざった状態で分析してしまっては、正しい分析はできません。顧客の

観点でも、普段から利用し続けてくれている人を想定して施策を設計するのであれば、1～数回しか利用経験のない顧客のデータは除いたうえで分析する必要があります。大多数の1～数回利用者のデータは分析結果に大きく影響するからです。

　予測対象とできるだけ同じ条件を持ったデータに絞り込んだうえで分析を進めることが、予測精度を高めることにつながります。どうしてもそのような絞り込みが難しい場合はやむを得ませんが、その場合は分析結果についても「前提条件が異なるデータで導出したものである」ことを付記し、参考程度で活用するなど、受け取り方の工夫が必要です。

質問3「異常な数値はありませんでしたか」（異常値）

> • 対象データに、不自然な数値のデータはないか（例：日用品を300万円以上購入している注文データなど）。

　通常のビジネス観点で判断し、違和感のあるデータが含まれていないかを確認します。よくあるケースとして、法人顧客や転売屋などが、通常の一般顧客と比べて累計購入金額・購入回数が10倍以上となる買い方をしていることがあります。また、キャンセルされた注文も分析データに含まれている場合には、注文とキャンセルを繰り返すような通常外の行動をとる顧客のデータがおかしな数値を作り出します。

　異常な数値は本当に取り除いてしまってよいのかという質問をよくいただきます。そういった異常値も含めて「実際」のデータではないかという不安があるためです。結論からすると「異常であれば取り除くべき」です。データ分析は事業・顧客の状況や傾向を把握するために行います。その観点で考えれば、例えば一般顧客の傾向を把握し予測したい

ときは、間違いなく一般顧客の行動とは思われない数値のデータは「一般顧客の分析を行う」という目的に沿わないため、異常値として取り除くべきです。

　異常値は「平均単価」「平均購入回数」「平均LTV」など、主に「平均」の集計値を算出する際に影響を与えます。例えば、平均単価100円の一般顧客が1000人、平均単価10万円の転売屋が10人いた場合、全体の平均単価は約1089円となります。しかし、実際に1000円付近を平均単価とする顧客は誰もいませんので、誤った顧客理解につながっています。この場合は転売屋と思われる顧客を取り除いたうえで集計すべきでしょう。

　逆に法人顧客や転売屋の傾向を分析したい場合は、今度は法人顧客や転売屋が滅多にしない買い方をしているデータが異常値となりますので、そのようなデータを取り除いて分析します。本当は法人顧客のデータである可能性もありますが、法人顧客として例外的な買い方なのであれば「法人顧客の一般的な動向」を予測するためには必要ないのです。

　事業全体の売上予測を行う場合、法人顧客や転売屋による売り上げが今後も続くと予想されるのであれば、「異常ではない」と判断してそれらデータも予測分析に活用しますし、あくまで単発の購買で今後は発生しないだろうと予想するのであれば、それらデータは「異常値である」と判断して取り除きます。

質問4「どのような説明変数をデータとして用いましたか」

　次節で解説する「回帰分析」や「機械学習」などの分析手法では、「説明変数」をどう置くかが重要となります。説明変数とは予測や分類のために用いるデータです。例えば、アイスクリームの売り上げを予測するために「気温」「天気」「曜日」「近隣施設のイベント有無」などのデータを

用いるのであれば、それらが「説明変数」となります。予測や分類のデータ分析においては、どのような説明変数を用いるのが適切か、様々なデータを準備してトライアルを繰り返すことが分析のメイン作業といっても過言ではありません。そのため、一部の予測モデルにおいては、説明変数を確認することもモデルの妥当性の判断材料となります。

確認1：その説明変数を使うことは、現場の実感として納得感が
　　　　あるか。

確認2：その説明変数の影響方向性（プラス・マイナス）について、
　　　　現場の実感として納得感があるか。

　例えば、アイスクリームの売上予測をするために「店員の身長を説明変数として使います」と言われたら、違和感を抱くのではないでしょうか。あるいは「気温が低いほどアイスが売れる」と言われても現場の感覚と異なるものと思います。そのような違和感を抱いたとき、なぜそのような分析モデルができてしまったのか、以下の要因などを考えます。

可能性1：データ量が少ないため誤った結果が出た。

可能性2：適切な説明変数が全くなかったため不適切な説明変数
　　　　　で無理やりモデルが作られた。

可能性3：使われている複数の説明変数が独立しておらずお互い
　　　　　関係性がある（多重共線性）。

可能性4：その説明変数に因果関係がある別の説明変数が存在す
　　　　　る（疑似相関）。

可能性5：現場も知らなかったが、実はその説明変数が影響して
　　　　　いた（新しいインサイト）。

4

　データ量が少ないと一つのデータの影響度が大きくなります。説明変数にどうしても納得ができない場合は、データ量を増やしたり、他の説明変数候補を考えてみたり、あるいは、多重共線性の影響がないか、データ分析者に相談をしたりします。多重共線性とは、重回帰モデル（複数の説明変数で予測を行うモデル）にて説明変数間に相関傾向がある状態を指し、予測のために本当に有意に影響する説明変数が何か分からなくなるという問題や、結果解釈を誤らせる問題を引き起こします。

　例えば、小学生の「握力の強さ」を予測するために「身長」「体重」の両方を説明変数としてしまうと、小学生の身長と体重は相関傾向があると言えるため、多重共線性の問題が起きてしまいます（**図表4-1**）。ビジネストランスレーターとしては、関係性がありそうな説明変数が複数使われていたら、多重共線性の問題がないかデータ分析者に確認するようにしましょう。

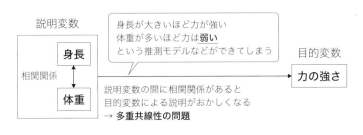

図表4-1 多重共線性の問題

　疑似相関とは、例えばアイスクリームの売り上げの説明変数として「電力消費量」が上位に挙がってきた場合などです。これは電力消費が多いからアイスクリームが売れるわけではなく、背景に「気温」という説明変数があり、気温が上がったらアイスクリームが売れ、同様にエアコンが使われ電力消費量が増えたのだ、と判断できるでしょう（**図表4-2**）。

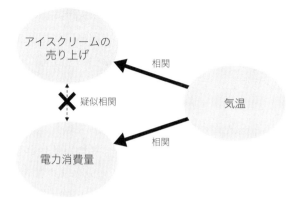

図表4-2　疑似相関

　このようにして様々な可能性を排除し、さらにはデータを変えて再度
試しても同じ説明変数で同様の傾向が出るようであればその傾向は事
実、すなわち「新しいインサイト」である可能性が高いと言えます。

　なお、予測手法の中でも、かつてバズワードにもなったディープラー
ニングなどの機械学習は、説明変数からどのように予測をしているかが
ブラックボックスとなっているため、説明変数を確認することにあま
り意味はありません。人の納得感以上に、圧倒的な量のデータ（ビッグ
データ）が強い根拠となります。前述した説明変数の確認は、回帰分析
や決定木分析と呼ばれる分析などの場合に主に有用です。

質問5「N数はいくつですか、分析に当たりサンプルの大きさは　　　十分ですか」

　N数とは、分析に用いたデータの標本数、サンプルサイズのことです
（豆知識ですが、データの標本数を表す際にサンプル数と表現するのは
誤りです。例えば男性100人と女性100人のデータは、サンプルサイズ
は100でサンプル数は2となります）。どれだけのN数があれば分析を行
うに当たり十分であるか、それは分析案件の求める精度や用いる説明変

数や集計軸の多さ・説明変数が取り得る値の範囲によって変わるため「これだけのＮ数があれば十分である」とは容易には言えません。少なくとも、データ分析や統計分析に慣れていない方が正確な必要数を計算するのは難しいです。

　その代わり、データ分析者に対し「このＮ数で信頼性は十分と言えますか」と聞いてみましょう。さすがに自ら信頼性が低いと回答することは無いと思いますが、正直な方であれば「十分とまでは言いませんが、一般的にこの程度のＮ数で行うのも珍しくはないです」などと多少濁した回答をするでしょう。Ｎ数が不十分と判断した場合は、分析担当者と連携してさらにデータを収集するか、精緻さよりも正当さを優先し、利用する説明変数や集計軸の数を減らすようデータ分析者に相談します。説明変数や集計軸が少なければ必要とするサンプルサイズは小さくて済むからです。

　まれなケースではありますが、逆にＮ数を聞いたらあり得ないほど大きい数字で回答されることがあります。そのような場合は、本来含めるべきではないデータが含まれている可能性や、複数のデータを結合する際に誤った処理をしてしまっている可能性などが考えられます。データ分析者に本来想定される数の規模を伝え、確認を求めましょう。

　ここまで、データに関してデータ分析者に確認すべき内容について説明をしてきました。しかし先述したように、データは社内の各拠点で個別に管理されているため、データ分析者自身もそのデータがどのように取得されたデータであるか詳しく把握していないことはよくあります。「もらったデータで分析しただけであり、自分はどういうデータかは知らない」と、つっけんどんにデータ分析者に返されることもよくあります。

　本来、そのような対応はデータ分析者として適切ではありません。一

人前のデータ分析者は自身がこれから取り扱うデータがどのようなデータか理解したうえで分析するのが原則です。しかし、特に大企業の場合、データを渡した担当者すらそのデータがどのように取得されたデータであるか知らない、ということが往々にしてあります。社内で誰一人知る人がいないということすら珍しくはありません。

　そのような場合は、データ分析者にはデータの基礎集計を出してもらい、ビジネス現場の実感と比較して違和感がないかを確認します。基礎集計とは、そのデータの代表的な統計値やデータの分布傾向を可視化したものを指します。例えば、顧客の性年代構成、チャネル別の売上構成、注文月の分布、年間総注文数、総顧客数、平均単価、平均継続月数などです。それらをグラフで見てみて、大きな偏りがあったり、ビジネス現場側の感覚値と大きくズレがあったりする場合は注意が必要です。

　もしかしたらそのデータは、分析対象を代表するデータではないかもしれません。違和感が大きい場合は誤ったインサイトを導く可能性があるため、たとえ他に利用できるデータが無かったとしても、そのまま使用して分析を行ってはいけません。

　統計値には様々な種類がありますが、特に平均値、中央値、四分位数、最頻値、標準偏差、標本数（サンプルサイズ）などを確認します。最大値や最小値は異常値があると参考になりませんし、分散はその数値を見ても直感的に適切かどうか判断が難しいです。標準偏差は、数値が大まかにどのくらい散らばっているかを感覚的に理解する際に使えます※。「このデータの多くは、平均−標準偏差よりは大きく、平均＋標準偏差よりは小さい」と言われた場合に違和感があるか、というように確認します（**図表4-3**）。

※ただし、正規分布（平均値付近の標本数が一番多く、平均値から離れるほど標本数が緩やかに低くなる、左右対称な釣り鐘型の分布）のような形状をした分布のデータである場合に限ります。

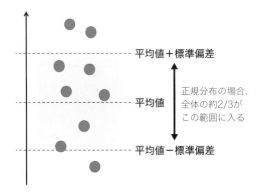

図表4-3 標準偏差を用いた適切性判断

4-3 データ分析結果の確認手法

4-3-1 分析手法の種類

　本節では、ビジネストランスレーターとして把握しておくべき分析手法の分類と分析結果を確認する際のポイントについて説明します。5Dフレームワークの Develop に該当します。分析手法はデータ以上に専門性が高いため、ビジネストランスレーターやビジネス現場の人から見てブラックボックスになりがちです。データ分析者から知らない分析手法が提案されたら、何を行う手法であるかを素直に聞いてみましょう。どのような分析を行っているか大まかなイメージができるだけでもブラックボックスを理解するとっかかりとなります。

　分析手法は、前節で述べた「理解」「予測」の他にも様々な切り口で分けることができ、例えば筆者は分析目的の観点から主に以下の分け方をします。順に説明します。

比較
　複数のデータの間に明確な差があるか判定する手法。検定、分散分析など。

整理
　全体状況を整理する手法。集計 (A/B テスト結果比較、RFM 分析、デシル分析を含む)、クロス集計など。

予測
　条件を変えた場合どうなるか予測する手法。線形回帰、決定木

4

分析、ランダムフォレスト、判別分析、相関分析など。

要約

変数を要約する手法。主成分分析、因子分析など。

分類

対象を分類する手法。クラスター分析（階層型、非階層型）など。

比較

　複数種類のデータや施策があるとき、それらの間に差があるかどうか判断するための分析手法です。A/Bテストなど、改善策が既存施策と比べて改善効果が十分あるかを判断する際などに用います。施策を最適化するために、複数のパターンを試し、より良い方法を採用し改善していくための比較を行います。Aの施策とBの施策、どちらがより良い施策であったかを判断するのは一見容易です。より高い成果を出した施策が良い施策であると判断すればよいように思えるからです。しかし、実はそうではありません。机上ならともかく、現実においては「本来違うのに偶然そのような結果になった」という可能性が常につきまといます。「比較」の分析手法は、このようなときに偶然である可能性は低いか高いかを判断する手法となります。

整理

　データを人が理解しやすい形に整理する分析手法を指します。単に集計するだけではなく、グラフ化したりBIツールを用いたりして、人が視覚的に確認できるようにし、何の軸を用いた場合に傾向や傾向差が生じるかを検討します（その傾向差を本当に差と捉えてよいか単なる誤差かを判断するのが「比較」で紹介した分析手法です）。「集計」は平易過ぎて分析には含めないとする考えもあるようですが、分析とはデータか

ら新しい知見を得ることであると考えれば、立派な分析手法の一種といってよいでしょう。集計作業とは、絞り込み条件・集計軸・集計対象・集計方法の4点を決めて計算することです。例えば、30代男性顧客のデータ（絞り込み条件）で初回購入商品ごとに（集計軸）、累積支払金額（集計対象）の平均値（集計方法）を算出する、という形です。様々な切り口で集計軸を設定し、明確な傾向や傾向差が出るようなパターンを発見します。

予測

　既存データから作成した分析モデルを用いて、条件を変えた場合や将来の時間軸における値を予測する分析手法です。いわゆる機械学習も予測のために用いられます。「予測」の中には、その予測方法について人が理解することを重視した分析（人の分析）と、人が理解することよりも数値の最適化を重視した分析（機械の分析）があります。前者は、例えば回帰分析や決定木分析などです。これらの手法は、どのような説明変数にどれくらい重みを持たせてどのように予測を行っているか、人がきちんとその予測方法を理解することができます。後者は、いわゆるニューラルネットワークやディープラーニングなどが相当し、どのように予測しているかはブラックボックスです。ただ、人の理解は及びませんが、多量のデータがあれば高い精度が期待できます。

要約

　複数の説明変数を組み合わせて新たな説明変数を作成する分析手法です。モデルを作るためには多数の説明変数を用意し試行錯誤しますが、多重共線性の箇所で説明した通り、各説明変数は必ずしも独立しているわけではありません。共通的に影響する要素があったり、組み合わせることでより適切な説明変数を作ることができたりします。「要約」はそのような潜在的な説明変数を洗い出すための手法であると言えます。

分類

　顧客や商品などをいくつかのパターンに分けるための分析手法です。例えば、総合ショッピングサイトの「顧客」を例として考えてみましょう。「顧客」と一言で言いますが、実際のところ行動パターンは一様ではなく、様々なパターンの顧客層が混在しています。例えば、年に1〜2回電化製品を買うだけの顧客層、飲料水やお米などの食品を日常的に買う顧客層、商品カテゴリーを越えて日々様々な商品を購入する顧客層、割引キャンペーンの対象商品しか買わない顧客層、1回購入して以降二度と買わない顧客層、など。どういう傾向の顧客層がどれだけいるか理解するための分析は「分類」の分析手法です。

　Developはどのような分析手法を用いるかだけではなく、それら手法を用いるためのパラメーターや条件をどう設定するかにも依存します。そこまで踏み込むのは専門人材に任せてよいでしょう。

4-3-2　分析結果の確認

　本項では、データ分析者から提示された分析結果を確認する際に注意すべきポイントについて、いくつか代表的な事例を紹介します。

相関分析結果の確認点：「外れ値」「層別」

　分析担当者から提示された分析結果を確認する際、一番よくある誤りやすいケースは「相関分析」です。相関分析は、2つのデータ間の関係性の強さを数値化する分析手法です。非常に一般的な手法のため、普段分析業務を担当していない方も目にしたことがあるでしょう。

　図表4-4を見てください。これは相関分析の結果を示した散布図の一例です。各点は小売店舗、横軸は各店舗の商圏人口、縦軸は各店舗における商品Aの月間販売数です。これら2つの軸に相関関係があるかどう

かを確認します。相関関係とは、縦軸の数値変化に連動して横軸の数値が変化するかどうかを示し、その相関度を「相関係数」と呼ばれる−1.0〜1.0の数値で表します。しかし、相関係数は一部データの影響で大きく変化するため、「相関係数が大きい」という言葉を聞いてもすぐに信用してはいけません。筆者は「相関係数」という言葉を聞いたら、眉につばを付けてまず詳細を聞くことにしています。

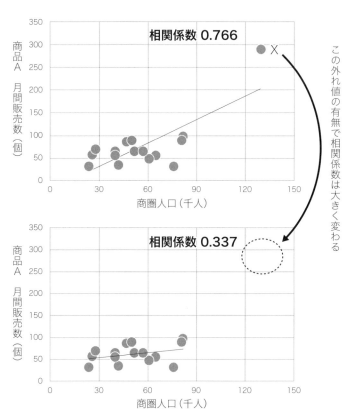

図表4-4　相関傾向は散布図で確認する（外れ値）

相関分析の結果における主な確認点は「外れ値」と「層別」です。**図表4-4**上の相関係数は0.766と高く、この数値だけをもって「店舗の商圏人

口と商品Aの販売数は相関している」と主張するデータ分析者が多くいますが、このような場合は注意が必要です。

　一番右上に「X」というレコード（散布図上は点）があります。他のレコードと比べると明らかに1つだけ浮いた値です。これを外れ値といいます。もしこのレコードが無かったとしたら、相関係数は0.337まで低下します。すなわち、1つの特異的な数値が、全体傾向に影響してしまっていることになります。そうなると「商圏人口と商品Aの販売数が相関している」という解釈はとても適切とは言えません。ビジネストランスレーターは、分析担当者から「相関がある」と報告を受けた場合は、必ず散布図でデータ状況を確認します。そして、ごく一部の外れたデータが存在し、相関傾向の判断に影響していることがないか確認します。

　あるいは、複数のグループの傾向が混在しているケースもあります。それが「層別」です。**図表4-5**を見てください。こちらも相関係数は0.901と非常に高い数値となりますが、よく見ると右上のデータの塊と左下のデータの塊に大きく分かれていることに気づきます。

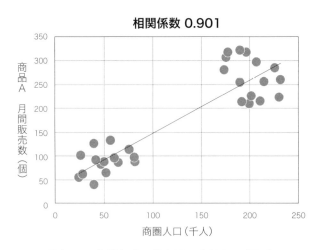

図表4-5　相関傾向は散布図で確認する（層別）

実はこの右上はすべて都心店舗のデータ、左下はすべて郊外店舗の
データなのです。一見、商圏人口と商品Aの月間販売数に相関があるよ
うに見えますが、都心店舗だけ、あるいは、郊外店舗だけに絞って相関
傾向を計算してみると、いずれも相関係数は0.36前後しかありません。
この図の「都心店舗」「郊外店舗」のように、2つ以上のグループが混在
している状態であると判断することを「層別」といいます。ビジネスト
ランスレーターは「相関係数が高い」と言われたら、散布図を見て外れ
値や層別の影響がないか、実際に自分の目で見て確認することが求めら
れます。

集計・クロス集計結果の確認点1：「比率」「絶対差」

　次に説明するのは、「集計・クロス集計」における確認ポイントです。
クロス集計は2つ以上の集計軸をクロスさせて表を作成し、相互の関係
性を明らかにする集計方法です。そのように説明すると複雑ですが、普
段の業務でよく使っている縦横に分類がある集計表のことです。

　ここではA/Bテストの結果確認を想定します。A/Bテストは、特定
の要素のみ変更した2つのパターンで施策を実施し、その結果を比較し、
どちらの方がより高い成果を得られるパターンであるかを判断すること
です。このようなテスト結果を確認するときには「比率」「絶対差」の両
観点で見る必要があります。

　例えば、A/Bテストの結果、施策Bの方が施策Aよりも20%効果が高
かったという報告を受けたとします。一見、施策Bが施策として優れて
いるように見えますが、販売数でいえば施策Aは5個、施策Bは6個で
あったと聞けば、それは誤差の範囲と考えるのではないでしょうか。

　では、常に絶対値で比較すればよいかといえばそうとも限りません。
施策Bの方が絶対値で100個多く売れたとしても、施策Aの販売数が5

4

223

万個、施策Bの販売数が5万100個だとすればあまり差があるようには思えません。比率でいえば施策Aに対し100.2%です。しかし、同じ100個差でも施策Aの販売数が200個、施策Bは300個であれば、施策Aに対し150%の成果が出た施策Bの方が効果ありと判断できそうです。

　誠実ではないデータ分析者や事業者は、自身の提供した分析やツールが非常に効果ありと見せるため、比率と絶対差のうち都合の良い方の数値だけを見せてくることがあります。誤った解釈をしないためには、両方の観点で数値を確認することが求められます。

　なお、より正確に施策Aと施策Bに明確な差があるかを判断する方法が「検定」です。検定を状況に応じて正しく自由に使いこなせることができれば統計学の最初のハードルを乗り越えたと言えますが、ビジネストランスレーターは無理に自らその計算ができるようになる必要はありません。施策Aと施策Bが微妙な差であった場合、検定してみたかどうか、その結果有意差があったかどうか、信頼度何%で確認できたかどうかなどを、データ分析者に確認すればまずは十分です。

集計・クロス集計結果の確認点2：シンプソンのパラドックス

　クロス集計における確認ポイントはもう1つあります。クロス集計は専門人材に限らず通常業務でも普段から使われますが、結果の解釈を誤っても気づかないでいることが時折あります。その代表的な例がシンプソンのパラドックスです。

　図表4-6を見てください。表内の「全体」の数値を見ると、店舗Aも店舗Bも顧客数は同じですが顧客単価は店舗Aの方が高く、これだけを見れば店舗Bの単価改善が課題であるという判断をすることでしょう。しかし、このデータを同表右側のように、男性客と女性客に分けてそれぞれの顧客単価を見たらどうでしょうか。男性客の顧客単価も女性客の

顧客単価も、いずれも店舗Bの方が高いという結論が出ます。店舗全体の顧客単価は店舗Aの方が高いにもかかわらず、男性客・女性客それぞれ分けて見ると店舗Bの方が顧客単価は高いのです。

図表4-6　シンプソンのパラドックスの例

	全体		男性客		女性客	
	顧客単価	顧客数	顧客単価	顧客数	顧客単価	顧客数
店舗A	2,800円	100人	3,000円	90人	1,000円	10人
店舗B	2,200円	100人	4,000円	10人	2,000円	90人
単価比較	A>B		A<B		A<B	

　これは各店舗の男性客・女性客の人数差によるものです。勘の鋭い方はお気づきかもしれませんが、相関分析の箇所でも述べた「層別」の話と同じです。傾向が異なる複数のデータの塊で構成されていることで起きる事象です。これをシンプソンのパラドックスといいます。

　この場合に、店舗Aと店舗Bどちらの顧客単価が高いと判断し、どちらの単価改善を課題とするかは、求める目的と課題設計次第です。店舗Aの男性客・女性客それぞれの顧客単価を店舗Bと同等まで引き上げることを課題とするか、店舗B全体の顧客単価を上げるため店舗Bに男性客を集客する取り組みを行うことを課題とするか、いずれの判断もあり得るでしょう。

　このように、ビジネストランスレーターは集計結果を確認するとき、傾向が異なる複数のデータが混在していないか注意します。明らかに傾向が異なるデータが混在している場合は、それぞれを分けて集計結果を確認する方がよいでしょう。

4

「予測」の分析結果の確認点：「過学習」「外挿」

　次は、「予測」の各分析結果における注意ポイントです。ここでは「過学習」と「外挿」の2点について説明します。「予測」の分析においては、適切な学習データを基に予測モデルを作っているかどうかを確認します。学習データとは予測モデルを作るためのデータです。前節でも述べたように、学習データの量が足りないと正しい予測を行うことができません。学習したデータの偶然の特徴に引っ張られ、汎用性のない（現実のビジネス課題には通用しない）予測モデルができることになります。これを「過学習」といいます。

　特に多くの説明変数を用いた予測モデルであるほど、学習データは大量に必要となります。ビジネストランスレーターは、予測モデルの分析結果が提示された場合、このモデルではどのような説明変数が使われているかを確認し、使われている説明変数の数が多いようであれば、学習データが十分であるかどうかを確認します。説明変数が取り得る値次第であるため一概には言えませんが、例えば4つ以上の説明変数を使っている場合、数十～百程度のサンプルサイズでは過学習となっている可能性が高いでしょう。

　そのうえで、データ分析者に対しては「この予測精度は交差検証（クロスバリデーション）を行って得た結果であるか」を確認します。交差検証とは、予測モデルの妥当性を検証する際、検証用データを入れ替えながら複数回の検証を行う手法です（**図表4-7**）。学習データと検証用データを入れ変えても予測精度が十分にあるということであれば、信頼できる予測モデルができていると判断できます。通常、予測モデルを提案するのであれば交差検証まで行うのが当然ですが、中にはそのような検証を省略し、モデルの当てはまりの良さだけで提案する信頼できない分析担当者も残念ながらいますので、念のため確認します。

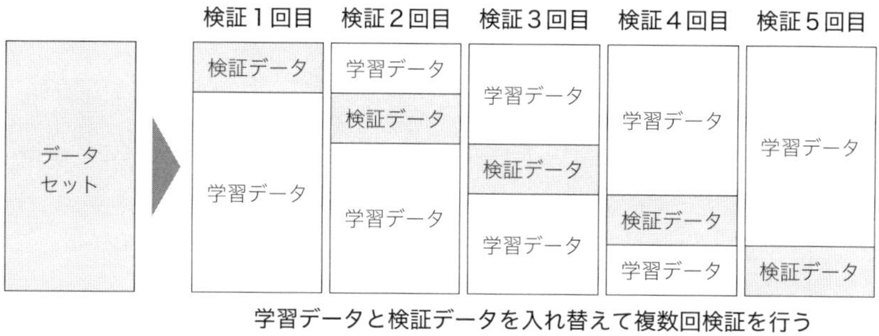
検証1回目
検証2回目
検証3回目
検証4回目
検証5回目
データセット
検証データ
学習データ
学習データ
検証データ
学習データ
学習データ
検証データ
学習データ
学習データ
検証データ
学習データ
学習データ
検証データ
学習データと検証データを入れ替えて複数回検証を行う

図表4-7　交差検証（クロスバリデーション）

もう1つは「外挿」です。またアイスクリームの売り上げの例で説明します。過去のデータ分析から、気温が高いほどアイスクリームの売り上げは増えるという分析結果が得られたとします。しかし、よく確認するとそのデータにおける気温の幅は30℃～36℃の範囲内に収まっていました。ではもし気温が40℃まで上がった場合、この分析モデルに基づきアイスクリームはさらに売れると言えるでしょうか。あまりの猛暑のせいで外出する人は減り、アイスクリームの売り上げは逆に減る可能性があります。

このように、学習したデータ範囲を超えた数値予測はあてにならないということが「外挿」という考え方です。ビジネストランスレーターは、通常とは少しかけ離れた予測数値が分析結果として出てきた場合は、外挿による予測になっていないか、データ分析者に確認します（**図表4-8**）。

4

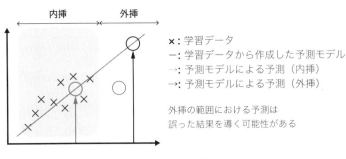

図表4-8　外挿

クラスター分析結果の確認点：ビジネス現場の実感とのギャップ

　最後は、「クラスター分析」の分析結果における注意ポイントです。極端なことを言いますが、データ分析者からクラスター分析の結果が提示されたときは「過信しない」ようにしてください。なぜならば、クラスター分析は説明変数に何を設定するか、重みをどう設定するか次第で、いかようにも結果が変わり得る「正解が無い分析」であるためです。そのため、1度や2度の分析で出てきた結果を絶対的なものとして信用してしまうと痛い目に遭うことがあります。

　クラスター分析は、本来何度も説明変数や重みを変えて工夫と試行錯誤を繰り返したうえで、ビジネス現場の実感に近く、かつ、施策を行うに当たっても使い勝手の良い分類結果を採用します。しつこく重ねて言いますが、データ分析者が出してきた結果であるから間違いないのだろうと過信して何も考えず採用してはいけません。ビジネス現場の納得感と施策への適用しやすさ、両方の観点で妥当性を確認し、採用するかどうかの最終判断はビジネス現場側であると考えてください。ビジネストランスレーターは、ビジネス現場の担当者に対し、この分類に違和感がないか、あるいはこのような分類で施策判断に活用できそうかを確認し、違和感がある場合は説明変数や重み係数の見直しをデータ分析者に要請します。

本章では、データ分析者とやりとりをするに当たって必要となる、代表的なデータや分析結果の確認方法の紹介をしました。まずは本書で紹介した内容を基に都度確認を行う習慣を付けていただくことで、データ分析者はデータ分析における基本動作を怠ることができなくなり、分析結果に自信がない場合もごまかすことなく率直な説明をしてくれるようになります。また、相手がこのような確認に誠実に対応しないデータ分析者や、そもそも分析の基本動作すら分かっていない「なんちゃって分析者」であるかを見極めることができるようにもなるでしょう。

　本章で紹介した内容は、代表的な例です。これだけを身に付ければビジネストランスレーターとして十分ということではありません。ぜひ本章の実践を端緒として継続的に分析知識の幅を広げ続けていただき、いずれはデータ分析者とより深い議論ができる存在になっていただきたいと考えています。「この人は論理的な分析思考ができる人」と思われることが、データ分析者とラポールを形成する第一歩となります。

4

第 5 章

ビジネストランスレーターになる。

5-1 ビジネストランスレーターになった 2人の軌跡を追う

　これまでの章では、ビジネストランスレーターに必要となる4つのスキルとその必要性について説明してきました。中には、「このような話はあくまで机上の理想論であり、実際にこれらのスキルを身に付けることは現実的ではない、向いていない」と考える方がいらっしゃるかもしれません。

　研究畑出身の理系分析人材の方は、営業的なビジネス理解やコミュニケーションスキルを習得することに苦手意識を持ちがちです。逆に、豊富な営業経験を武器として活躍している文系営業人材の方ほど、持っている感覚が鋭いだけに、機械的な数値ドリブンの分析の考え方に対して抵抗感を持つものです。

　本章では、そのような不安を払拭していただくため、実際に各種経験を通じてビジネストランスレーターとなった2人の事例を紹介します。

　5-2で紹介するのは、理系人材からビジネストランスレーターに転身したAさんです。もともと「ビジネス現場側の考えが全く分からない」と主張していたデータ分析者でしたが、考え方を一新し、相手の懐に自ら飛び込んで課題解決を主導するようになった事例です。

　5-3で紹介するのは、文系人材からビジネストランスレーターに転身したBさんです。もともと経験と勘に優れた文系営業人材でしたが、あることをきっかけにマーケティングやデータ活用技術を学び、データ分析者とビジネス担当者をつなぐようになった事例です。

対照的な2人ですので、ご自身の環境と近い方の事例を参考にしてい
ただければ幸いです。

5-2 軌跡① 理系人材からビジネストランスレーターへの転身

5-2-1　理系人材Aさんの軌跡

バリバリの理系人材Aさん

　バリバリの研究畑・分析畑を歩んできた理系人材、Aさんのケースです。Aさんは、SQL・R・Pythonなどのプログラミングに精通し、Google Analytics・Tableau・SPSSなどの各種ツール類も自在に使いこなします。さらには、システム開発プロジェクトの主導経験もあり、データ分析者としてだけではなくシステム開発のプロジェクトマネジャーとしても優秀な技術系人材です。

　現在は、技術面・ビジネス面のいずれをもカバーするビジネストランスレーターとして活躍しています。実務としては、事業のお客様情報を一元的に管理するCDP（Customer Data Platform）導入の主要メンバーとして、システム開発のマネジメントだけではなく、開発後のCRM・1to1マーケティングの具体化といった施策の立案実行も任されています。

　一般に、システム開発者と施策実行者の間には認識の乖離が起き、開発されたシステムが結局現場ではほぼ使われない、といったことがありがちですが、Aさんは営業現場に自ら飛び込み、現場の担当者が明確に理解できていなかった課題をマーケティングのフレームを使ってきちんと整理することから始めます。課題の本質をきちんと明確化し、開発者と営業現場の両関係者の目的と理解を共通化することで、両者間の認識に乖離を生じさせず、システム機能を最大限に生かした形でPoC（Proof of Concept）を進めます。

　しかし、Aさんは最初からそのようなスキルを持つ人材であったわけ

ではありません。当初、マーケティングに興味を持ったこともなく、マーケティングとは営業担当者の勘と経験による不確かなものというイメージを持っていたといいます。当時のＡさんの興味関心は、正確なデータ分析のために、より高度な分析手法を身に付けることであったそうです。そのようなＡさんがどのようにして分析者とビジネス担当者の双方の立場を理解し、課題解決を行う人材へと成長したのか、順に紹介します。

研究者・分析者としての背景

　Ａさんは学生時代、音声認識や通信などの信号処理を専攻していました。社会人となってからはＲ＆Ｄの部署に配属され研究開発業務を行う傍ら、時折ビジネス担当者からの依頼を受けてデータ分析作業を担当していました。

　その時のＡさんの考えは「相手の感情より、何よりもファクトが大事」であり、自身に求められているのは、データ分析により得た「正しい情報」を相手に伝えることであると考えていました。そのため、ビジネス担当者ともめることもあり、相手への伝え方に注意するよう先輩から指摘されることもありましたが、Ａさん自身は「理解しない相手が悪い」と考えていたといいます。

　Ａさんは当時、ビジネス担当者の発言内容がなぜ日々変わるのか、なぜ自身の提供する分析結果をうまく活用できないのか、全く理解できませんでした。あまりに不可解であったことから、Ａさんは次の社内異動時にＲ＆Ｄ部門を抜け、ビジネス部門への配属を希望しました。ビジネス部門の状況を自分自身で経験してみようと思ったのです。ただ、あくまで経験してみることが目的であり、いずれまたＲ＆Ｄ部門へ戻ってくるつもりでした。

　希望通り、あるサービスを管轄するビジネス部門へ異動となったＡさ

5

んは、異動先部署において提供サービスのシステム開発・保守、データ分析を担当するチームに配属されました。結局、所属部署こそ変わったものの業務内容は大きく変わらず、そこでもビジネス担当者の発想や仕事の進め方は理解できず、相変わらず非効率で計画性が無いように感じられました。せっかく実施した分析結果も施策には使われず、使われない理由も分からないでいます。価値を生み出せない仕事に意味はないと失望したＡさんは、ついには転職を考えました。高い分析技術やシステム開発のスキルを持ったＡさんは転職市場でも高く評価され、何社かから好条件のオファーが来たといいます。

「Ａさんの力で、当社○○事業の分析精度を高めてほしい」
「○○システムのAPI開発を、ぜひお願いしたい」

　転職を考えていたＡさんですが、具体的な業務内容を聞いているうちに、本当にこれが自分のやりたかった仕事なのだろうかと疑問を感じました。転職先から期待されている業務自体は問題なくこなせる自信があります。しかし、恐らくその会社で求められているのは純粋に「技術スキル」です。今後ずっと同じような開発案件や分析案件をひたすらこなす仕事が続くことでしょう。それらの業務自体は嫌いではありませんでしたが、このもやもやとした気持ちが解決しないまま転職し、生涯をかけて取り組みたい仕事になるかと問われると、しっくりときませんでした。

　自分のやりたいことは何だろうと、改めて考えてみました。

「知識・スキルを徹底的に高めて、人々を支援し、誰からも頼られる存在となりたいのか」
「今まで存在しなかった新しい業務上の仕組みを作り出したいのか」
「多くの人に使ってもらえる有用なツールを作り出したいのか」
「学術的な価値を生み出したいのか」

どの考えも決して無いわけではありませんが、Ａさんの最終的な答え
は、「お客様の価値となり、世の中を良くしていく仕事をすること」で
した。

　これは他人から見たら理想論と思われるかもしれませんが、日々開発
業務や分析業務を行う担当者の方には割と共感いただけるのではないで
しょうか。開発したのに使われないシステム、誰のために行っているの
か分からない分析、そのような業務を日々経験している方は、自身の業
務は一体何のためにあるのか突き詰めて考える方も多いといいます。た
だやればいいだけの仕事は面白くありません。社内からの依頼業務は、
依頼者によって要望や意見が大きく変わり、果たしてそれが本質的な課
題なのかいつも疑問が残ります。

　このように考えた人は、そもそも仕事自体に価値を見いだすことを諦
めるか、そうでなければ価値の根源をたどり、結果としてエンドユーザー
であるお客様の価値を追求するようになるか、そのどちらかになるのは
自然の流れです。Ａさんも後者の道を選びました。お客様にとって意味
のある結果につながること、それがあってこその仕事である、と考えた
のです。

マーケティングとの出合い

　転職を思いとどまったＡさんでしたが、かといって、では何をすれば
自分が目指す仕事を実現できるのかは分かりませんでした。悩みに悩ん
だＡさんに一つの答えを与えてくれたのはＡさんの当時の上司でした。

　「君がやりたいことを実現するには、マーケティングを学ぶべきだ」

　その上司は、Ａさんと同じくＲ＆Ｄ部門出身でビジネス部門へ移って
きており、普段からＡさんと考え方も近く、共感することも多くありま

5

した。ひょっとしたらその上司の方も過去に同じことで悩んだことがあったのかもしれません。

　それまでAさんは、「マーケティング」に不信感とはいかないまでも、感覚論的なイメージを持っており、内容を知ろうとしたこともなかったのですが、信頼できる上司の言葉を受けて興味を持ちました。Aさんの反応を見た行動力の塊のような上司は早速、年間を通じてマーケティング理論を学ぶマスターコースを手配し、Aさんはマーケティングとは何かよく知らないまま、本格的なマーケティングのマスターコースを受講することになったのです。

　そこで最初に次のことを教わります。

「マーケティングとは、売れる仕組みをつくること」
「ブランドとは意味である」

　それは、Aさんにとって今まで触れたことのない新しい考え方でした。マーケティングとは、営業的な手法や、個人の経験やセンスに依存した抽象的な考え方であろうと思い込んでいたAさんは、目からうろこが落ちた思いがしました。

　その時、Aさんは、「やるからには徹底的にやろう。マーケターになろう」と考えたといいます。既に条件の良い転職の話も断ってしまったのです。中途半端に取り組むつもりは一切ありませんでした。

　Aさんは毎週8時間ずつ1年間、マーケティング理論のマスターコースを受講しました。それだけではなく、Aさんは受講する際は必ず一番前の席に座り、講義中は講師に必ず質問することを自身に課しました。このマスターコースの受講生は約50人で、保険・製造・食品、様々な

業界で何年もマーケティングを実践してきた経験を持つそうそうたるメンバーです。それでもＡさんは気後れすることなく、講師に毎回質問して理解を深め、他受講生に話しかけ交流を深めました。

　マーケティングに深い興味を持ったＡさんは、講義の受講に加えて、マーケティング関連の書籍を読み始めました。その中で特に感銘を受けたのが、森岡毅氏の『USJを劇的に変えた、たった1つの考え方』（KADOKAWA、2016年）であったといいます。森岡氏がその書籍で述べたマーケティングの考え方はアートのようなものではなく、想像したよりもずっと数学的でサイエンスと呼べるものであり、それは理系分析人材であるＡさんにとって腑に落ちるものでした。

　「アートであれば無理だが、サイエンスならいけるかもしれない」

　Ａさんはこの書籍を20回以上繰り返し読んだと言います。

　以降も、Ａさんは様々な書籍を幅広く入手し読破していきました。Ａさんが数あるマーケティング書籍の中から読む本を選ぶ際の基準は、「読んだ日からすぐ実践で使えるかどうか」であったといいます。個人の成功体験だけを書いた本、意識改革の自己啓発本、机上でしか通用しない理想論、そう感じた書籍は途中で読むことをやめました。それらの書籍に意味がないわけではありません。しかし、Ａさんが求めているものではありませんでした。あくまで得た知識を実践することが目的であるため、Ａさんは実践的な知識が得られる書籍ばかりを集中的に集めました。

　Ａさんがよく読んだ本は、Ｐ＆Ｇ出身のマーケターの方々が書いた書籍です。ブランドマネジャーとして自ら責任をもって事業運営をしている方の書くマーケティング論は、すぐ活用方法をイメージできる実践的

5

な理論であると感じました。

　もう一つはジョブ理論の書籍です。社会人になってからずっと「価値」という言葉を様々な業務・資料で目にしてきましたが、そのほとんどは「自分たちが提供できる範囲の機能的な価値」だけでした。そのような考えは本当の価値ではないと否定し、「相手が本当に必要とするものを提供することこそが価値である」とズバリと指摘したジョブ理論の考え方にＡさんは非常に共感したのです。それはコペルニクス的転回でした。一見当たり前のことを言っているようですが、改めて振り返ってみれば、Ａさんがこれまで業務で目にしてきた「価値」という言葉は、いずれも本当の「価値」を意味してはいなかったのです。

　Ａさんはますますマーケティングという考え方にはまっていきました。

学習した知識のアウトプット

　Ａさんは学習しただけで終わっては意味がないと考え、学んだことを会社で実践することにしました。学習したことを自社業務に置き換え、さももともと知っていたかのように自分の言葉で活用提案をまとめます。それも１回や２回だけではありません。講義受講の翌日は毎週必ず、得た知識を業務に活用する方法を考えてアウトプットする習慣を徹底しました。

　しかし、Ａさんはサービス部門に所属してはいるものの、自らサービスや施策の決定権を持っているわけではありません。あくまで彼の担当領域はシステムと分析です。提案したとしても実際に活用されることはまれであり、ほとんどの場合は、参考情報として聞いてもらうだけで終わりました。
　そこで、Ａさんは自分のできるところから切り込むことを考えました。

マーケティングのフレームをただ整理して提案するだけではなく、自社サービスのデータを集計し、マーケティング理論に数値的な根拠をつけて補完し説得力を高め、ビジネス担当者が無視しづらい状況をつくりました。

　もともと、サービスを構築するシステムについては裏側まで詳しく知っています。必要なデータがどこにあり、どうすれば抽出できるかについては、ビジネス担当者よりも詳しいのです。さらに、Ａさんは分析領域を担当していましたので、具体的な集計作業も手慣れています。マーケティングのフレームを自社事業にあてはめ、さらにそれを実際のデータで数値化して示すことで、今までビジネス担当者をはじめとした関係者の誰もが感覚的にしか理解できていなかったビジネス状況を、初めて可視化することができたのです。Ａさんは各サービスの全体状況について、どのビジネス担当者よりも詳しく説明できるようになりました。

　しかし、実際にデータ分析とビジネス活用に日々取り組んでいるみなさんは、これまでの経験上思うのではないでしょうか。いかに数値で根拠を示しても、データで理論を補強したとしても、ビジネス担当者は動かないのではないか、そう簡単ではないのではないか、と。

　その通りです。Ａさんの場合も、以前よりよく話を聞いて納得してくれるようになりましたが、実際の施策実行にまで至ることはめったにありませんでした。特に、サービス運営上の数値指標の見直しや、サービス自体の運営方針に関わる提案に関しては、まず採用されることはなかったのです。

　それでも諦めなかったのが、Ａさんの行動力であると言えるでしょう。Ａさんが感銘を受けた上司の言葉に「中に入り込まないとユーザーのことは分からない」があります。Ａさんは、先の根拠データをきっかけに、

ビジネス担当者の定期ミーティングに入り込みました。施策として即時採用されなくても、事業状況を数値で説明し、新たな視点での気づきを与えてくれるＡさんの提案は、ビジネス担当者から強く関心を持たれました。

　Ａさんは、参加した定例ミーティング内で飛び交う話題を注意深く聞き、情報を収集しました。最初のうちは議論されている用語やトピックスもよく理解できなかったＡさんでしたが、毎回参加するうちに、ビジネス担当者が特に重視するポイントや気にする点が少しずつ理解できてきました。ビジネス担当者に施策を実施してもらううえでハードルとなる点が何であるかが見えてきたのです。

　それでもまだ、いきなり施策の提案はしません。まずミーティングの中でビジネス担当者の発言から仮説を拾い、数値データでその仮説を検証しフィードバックしました。ビジネス担当者、特にチーム内のキーパーソンとなる方から出たトピックスは、現在当該事業が抱えている重要な課題に関することが多いです。その重要課題に関する生のデータを自ら集計し確認するのですから、Ａさんは一気にチーム議論の最前線に立つことができるようになりました。ビジネス担当者ですら追えていない細部状況を把握しているため、ミーティング内でＡさんの発言は少しずつ信頼と共感を得るようになっていったのです。

　いよいよ提案を行う段階となりました。ミーティングへの参加を通じて、まずチーム内の「キーパーソン」が誰であるかを把握しました。それは必ずしも役職が高い人であるとは限りません。日々のミーティングに出ていれば、業務決定につながる発言をする人が誰であるかが見えてきます。そして、正式提案の前に「キーパーソン」に提案内容を説明し、意見をもらう時間をつくりました。自分の考えはズレていないか、チームの判断基準と乖離がないか、どのミーティングの場で提案するのがい

いか、どういう言い方をすると既存業務の担当者も受け入れやすいか。Aさんはあらかじめそのような相談を行うことで、必要な情報を引き出すとともに、実際の提案時に「キーパーソン」が、賛同者として説明を補足支援してくれることをも期待したのです。

　Aさんのこの行動は、第1章で説明した「ビジネススキーマ」を用いた取り組みそのものと言っていいでしょう。読者の中には、そのような行動をとらなくても、ご自身の課題発見・説明スキルで話を進められる自信がある、既に進められる関係性がある、という方もおられるかもしれません。しかしAさんは自分自身について、そういった他者の勘どころを読み解くことが苦手なタイプであるという自覚がありました。相手の勘どころを勝手に予測して提案しても絶対にうまくいかないだろう、だからこそ相手の懐に飛び込まなければならない、と考えたのです。

　ビジネス担当者の定期ミーティングに参加し、身に付けたマーケティングの考え方で意見を述べ、集計したデータで仮説を検証し、ビジネス上の分からなかった点はミーティング後に質問して不明点を解消しました。やがてAさんはビジネス担当者と同等以上にビジネスの勘どころを理解し、事業状況を把握し、解決策を考えることができるようになりました。

　こうして、ここに一人のビジネストランスレーターが誕生したのです。Aさんはしばらく様々なサービスで活躍した後、キャリアアップとして、よりマーケターとしての活躍ができる職場に転職しました。「お客様起点」で考え、提案できる環境があり、給与も約2倍近くに増え、非常に充実した日々を送っています。

5

5-2-2　軌跡①のポイント

　前項では、Ａさんがビジネストランスレーターとなるまでの歩みを紹介しました。その中で重要なポイントは何か、ここで振り返ってみましょう。

相手の懐に飛び込む

　ポイントの1つ目は「相手の懐に飛び込む」ということです。これは第2章で説明した「現場共感」と同じです。大変偏見のある意見ですが、研究畑・分析畑を進んできた方は、あまり積極的に他者とコミュニケーションをとることが好きではなく、むしろ苦手である、という方が多いのではないでしょうか。少なくとも筆者の周りにおいては、筆者を含めそのような傾向が見られます。

　コミュニケーションが得意ではない人にとっては、Ａさんのように他チームのミーティングに飛び込み参加したり、ビジネス領域にあえて踏み込んだりすることは、それらを苦としない方が想像できないほど大きな苦手意識があります。できれば、そのような挑戦は避けたいと思うことでしょう。

　では、それを実行できたＡさんが特別であったのかというと、実はそうではありません。Ａさんもコミュニケーションが積極的な性格ではありませんでした。知らない他者と関係性を築くよりも、自分の環境で自身を高めることを好む性格でした。他チームの環境に入り込み、相手の感情や思いをくみ取り、人を動かしていくことについて、「本当はやりたくなかった」とＡさんは苦笑しながら語ってくれました。

　しかし、だからこそ「相手の懐に飛び込むこと」は意義があるのです。他者がなかなかやらないこと、できないことだからこそ、実行すれば自身にとって非常に大きな強みとなります。現場の担当者にとって、データ分析者や専門家は「言いたいことを言うだけで、現場のことを知ろう

ともしない」というのが共通の認識です。そのような中、自分たちの立場まで降りてきてくれる専門家がいたらどうでしょうか。困ったときに本音の相談をぶつけられる関係性を築きやすくなります。

　Aさんは転職先の新職場でも組織長に頼み込み、自ら手を挙げて営業現場に1週間、ビジネス現場の肌感を学びに行ったそうです。普段、「本社の連中は現場を理解せず好き勝手を言っている」と不満を持っていた現場担当者は、このAさんの行動を歓迎し、現場の苦労・問題を積極的に話してくれました。それにより、何かあればすぐ連絡できる関係性を築くこともできました。

　その後、Aさんの意見はチーム内の誰よりも強い影響力を持つようになります。「現場で実際にこういう声がある」、そう説明できる彼の発言には、机上だけの意見にはない強い説得力が加わりました。関係性ができたため、新しいアイデアに対する現場の感触を知りたいときはすぐに連絡し確認することもできます。会社方針の変化が現場にどう影響しているかの情報も自然に入ってきます。それらは転職早々のAさんにとって何よりも強い力となっています。

　筆者は、以前全国チェーンの小売事業者に対して、データマーケティングのコンサルティング提案をしていた経験があります。多くの小売事業者は薄利多売のビジネスモデルであり、現場の感覚こそが非常に重要で、机上論に終始しがちなコンサルタントの提案には強い不信感を抱いています。「過去に何度かコンサルタントに依頼してみたが、結局一般論以上の情報はなく失望した」という話をよく聞きました。

　しかし、そのようなコンサルタント不信を明確におっしゃる担当者の方が、私どもの提案だけは「あなたたちの提案は他と違う」と関心を持ち、アウトプットに満足を示し、何度もリピートの発注をしてください

5

ました。その理由は明らかでした。これまでのコンサルタントは、どこかで見たような切り口で一般的な提案を行うだけでした。恐らく効率性を重視したのでしょう。しかし、どれだけ作業稼働を省力化できたとしても、それが役に立たない提案では意味がありません。結果として、彼らの行動はお客様の「コンサルタント不信」という結果を招きました。

　一方で、私たちは初回の提案に徹底的に時間をかけました。何度もヒアリングの場を持ち、業界状況に関する情報を仕入れ、強みであるデータを活用し、ポイントを押さえた出店シミュレーションを提案しました。それだけ時間をかけて対応すると費用対効果は決して良いとは言えません。しかし、業界のポイントを理解するには、やはり一定の時間をかけて調査・理解を行うことがどうしても必要なのです。初回に赤字となることは覚悟のうえで取り組みました。それでよかったのです。

　結果として、業界状況や運用のポイントをきちんと押さえた私どもの提案は大変評価いただき、信頼獲得につながりました。以降も非常に重宝いただき、やがて報告会には先方の代表取締役に出席していただけるようにまでなりました。当時、この取引先との間をつないでくれた営業担当者は、まさかコンサルタント嫌いで有名であった取引先が、本業ですらない当社のコンサル提案を受けてくださるなんて、と大変驚いていました。

　これはたまたまではありません。同じような状況がその後も何度かありました。「相手の懐に飛び込む」ということが、お客様にとっての価値につながり、競合との差異化要素となったのです。

大目的の整理
　ポイントの2つ目は「大目的の整理」です。Ａさんは淡々と依頼された案件をこなすそれまでの業務対応に疑問を持ち、自らの考え方や意識

を大きく変え、ビジネストランスレーターへの道を歩み始めました。実は、文系営業人材よりも、論理的思考を得意とする理系分析人材の方が、このような思考転換は向いています。データ分析者の仕事ぶりがよく「現場を理解できていない」と言われるのは、ビジネス現場の状況や感覚が分からないため、あえて自身の所掌範囲を「依頼されたことに限定して淡々と対応する」ようにしているためです。

　改めて大目的を「本当の意味でお客様へ価値を提供すること」など、事業全体を意識した高い視野で捉え直しさえすれば、理系分析人材は、その実現のために何の情報と何の取り組みが必要であるか、必要事項を整理するのは実は得意です。高い視点で課題を設定し直すことができれば、自身がとるべき具体的な道筋が見えてくるのです。

　Aさんもまさにそうでした。転職を契機に、自身の目的設計を見直したことがすべての成長のきっかけとなったのです。目的を設計した後は、持ち前の論理的思考でどういう取り組みが必要かを考え、インプットとアウトプットを繰り返す自己流の成長フローを自ら作り上げました。

ビジネスやマーケティングはアートという意識からの脱却
　Aさんはもともと、マーケティングとはビジネス担当者の勘や経験に依存した個人依存のアートのようなものだと捉えていました。筆者も同様で、34歳で初めてマーケティングに関心を持つまで同じような感覚でした。

　マーケティングという言葉の定義は非常に多様です。狭義では、広告や販促など直接的な営業施策だけを指す言葉として使われます。しかし、マーケティングの定義を幅広く見れば、調査分析といった情報収集から、ミッションやビジョン・ブランディングなどの経営戦略まで、事

業に影響するすべてがマーケティングである、と捉えることもできます。組織論やリーダーシップ論など、社内体制改善のための取り組みも一般に「インターナルマーケティング」と呼ばれます。

　マーケティングとは何のためにあるのでしょうか。Aさんが考えていた通り、ビジネスそのものには個人の勘や経験・ノウハウに依存する、アートのような要素があることは確かです。そのアートのようなビジネス世界を、皆が少しでも同じ認識として理解できる共通言語に落とし込むために、マーケティングの理論が活用できるのです。分析を行う際、どのような軸・どのような切り口で設計を行うか、その整理のためにマーケティングのフレームワークが大変役に立ちます。曖昧性の高いビジネスでも、論理的なフレームワークを活用することで、適切な分析に落とし込むことができるのです。

　マーケティングのフレームワークは、単体でただ学ぶだけではあまり意味がありません。実際の事業課題と併せて活用してみることで初めて生きることとなります。マーケティング理論は、分析担当者こそ必須で学習すべきビジネス理解のための武器であると言えます。

　データ分析者が、ビジネスを理解するから強いのです。
　データ分析者が、マーケティングを学ぶから強いのです。

分析者から働きかける

　Aさんは「ビジネス担当者と分析者の乖離は、分析担当者側から歩み寄らなければダメだ」と断言します。実際、Aさんの行動はすべて自分が起点となっており、ビジネス担当者側に対して歩み寄りの努力を求めていないという点で一貫しています。

　Aさんがそのように考える理由はシンプルです。分析は専門知識であ

り、現場担当者側が分析の知識・考え方を学ぶのは非常にハードルが高いからです。中期的な観点で見れば、ビジネス現場の担当者も自分で分析スキルを身に付けることは重要ですが、期間の短い単発案件においてはデータ分析者が歩み寄る方がずっと建設的で現実的であると言えます。

　このようにお話しすると、データ分析者から2つの反論をよくいただきます。

　1つ目は、「それは越権だ。担当範囲と責任は明確にしなければならない。責任分界点が曖昧になってしまう」という反論です。

　本当にそうでしょうか。筆者のこれまでの経験上、たとえ分析担当者がビジネスに踏み込んで提案した内容が実際のビジネスのポイントからズレていたとしても、ビジネス担当者が一方的にデータ分析者側の責任にすることはまずありません。「現場感とズレている」「根拠に納得できない」と否定されることはあっても、分析提案を実施して失敗したことの責任を問われたことはありません。むしろ、そういった実用につながる提案をせず、ビジネスにどう役立つか分からない分析結果を示すだけの担当者の方が「役に立たない」と責められることが多いです。

　厳しい言い方をすれば、責任範囲を越えるからそのような歩み寄りはすべきではないと主張する分析担当者の方は、自身がビジネス内容を十分理解できておらず、理解しようともしないことの言い訳をしているにすぎない、と考えます。

　Aさんは言います。

　「事業の目的はお客様に便益を届けることです。誰の責任とか、誰の担当範囲であるかとかは関係ないと私は思います。そんなことよりも、

5

皆でやれることを取り組んで何か一つ成功につながれば、細かい問題はすべて解決します」

　至言ではないでしょうか。

　2つ目は、「自分は10近い関係部署・業界サービスとやりとりをしている。それらのサービス一つひとつにAさんのように入り込むことはできない」という反論です。これは残念ながら、その通りです。単なる数値集計などの作業だけであれば10近い部署の対応も可能ですが、業務にきちんと入り込んで正しい分析対応をするとなると、最初は2～3のサービスが限界です。

　分析部署の担当者をサービスごとに割り当ててうまく分担することができれば理想です。ただ、たいていの場合、データ分析者は人手不足であることが常です。人的稼働を考えると、そのようにサービスごとに必要な人材を割り当てることは容易ではないでしょう。だからといって、ビジネスに役に立たない提案しかできない分析体制では意味がありません。組織スラック※である分析担当者側から働きかけて入り込んでいく必要があるのです。

※企業内において余裕・余剰となっている経営資源のこと。これを無駄であるとネガティブに捉える考え方もあるが、近年ではイノベーション実現や外部環境変化への対応のために必須の経営資源とも解釈される。業務を回すための最小限の人員だけでは、新しいことや業務改善、中長期的な取り組みは十分できず、そのような時に組織スラックが活躍するといわれる。

　入り込みが不十分であった場合、起きることは目に見えています。Aさん自身、このような経験がありました。

(1)「何か役に立つ分析をしてよ」とビジネス現場側からざっくりとした依頼をされる。

(2) データを様々な形で集計し確認したところ、ある曜日だけある商品の売り上げが上がっていることを発見した。

(3) もしかして「定時帰宅した会社員がおつまみとして買う需要」があるのでは、との気づきを得る。

(4) 分析結果を添えて「おつまみ訴求」を提案するが、放置されたまま何カ月間も返信がない。

(5) 後から理由を聞いたら「忙しかったので……」。

データ分析者にとっては、「あるある」の話ではないでしょうか。そもそも依頼をしてきたのは先方です。にもかかわらず「結果が使われない」ということが当たり前になっています。相手との間に関係性ができていて、この人が言うならやってみるか、と思わせる環境をつくることができなければ、状況はいつまでも変わりません。

2つ目の反論に関しては特別な解決策はありません。一つずつ各サービスに入り込み、対応サービスを少しずつ広げていくしかないのです。工場の作業者がスキルを徐々に高め、多くの工程をカバーできる多能工となっていくのと同様に、分析組織内で対応可能なサービスの範囲を広げていくことが分析組織の担当者に求められていることとなります。

現場にとって作業変更は想定以上に厄介

基本として現場のビジネス担当者は、データ分析者からの提案を受けて作業内容や施策を大きく変更することは好みません。なぜならば、以下の理由があるからです。

1. 現場において日々繰り返される作業は、長年の工夫で省力化が徹底され、既に部分最適化が完了しています。新しいことを行うというのは、それはすなわち最適化されている作業を崩すということに他なりません。

2. 今までとやり方を変える以上、時には組織や上司に説明も必要となります。現場担当者が腹落ちして自身の言葉で説明できるくらい理解できていないと、組織としては実施できないという判断になります。

3. 作業変更の影響は、現場担当者個人の問題ではありません。作業に関わる他部署や派遣・協力社員の方々、時にはステークホルダーなどの社外関係者をも巻き込むことになります。職場によっては、管理者よりも実際に作業のノウハウを持った担当者、いわゆるベテラン社員の方が力を持っていることも珍しくありません。彼・彼女らを説得できなければ作業変更は実施できないのです。

4. 現場担当者はほとんどの場合、数値に対し重い責任を持っています。一日一日の成績の良しあしに一喜一憂し、年間目標のために、日々苦労し努力を重ねています。分析担当者にとってはA/Bテストで比較し検証するのは当たり前の話ですが、ビジネス現場担当者からすれば、A/Bテストとは片方に劣位の結果が出ることが想定される取り組みです。そのようなテストを行うことはビジネストランスレーターやデータ分析者が想定する以上に受け入れがたいものです。ましてや、思い付きのアイデアベースでのテストなどは冗談ではありません。

　だからといって分析提案を控えるべきである、というわけではありません。提案先の現場にはハードルがあることを理解したうえで、それらをどう乗り越えるか意識して提案する必要があるということです。短期的には最適化された作業を崩すことになっても、中長期的には作業者にとってメリットがあることを懇切丁寧に説明する、ということかもしれません。または、現場責任者や役員、場合によっては現場担当者一人ひとりに対して、分析者が直接情熱を持ってなぜ取り組みを行うか説明する、ということかもしれません。あるいは、トライアルテストに関してはビジネス現場の成績評価の対象外とし、必要施策費は予算外費用を活

用できるようにする、という調整もあるでしょう。そのような説明や調整の場を容易に持つことができる関係性をつくっておくことが重要となります。

インプットとアウトプットを繰り返す

　Aさんが、ゼロからマーケティングを学び始めたばかりであったにもかかわらず、一気に部署内のマーケティングリーダーとして取り組みを主導できたのはなぜでしょうか。それは、インプットしたらすぐアウトプット、アウトプットしたらまたインプットという流れをひたすら繰り返したことが最大の理由です。インプットとは、知識の習得・学習、アウトプットとはその実践です。Aさんはマスターコースで学んだことを自分の言葉で説明し、業務を提案しました。学習した知識は、そのままにしていても何も身に付かないと認識していたからです。

　インプットをすぐアウトプットすることの意義は大きく3つです。(1) アウトプットを行うために学んだことを振り返るので復習になり記憶の定着化につながります。(2) 自分の言葉に変えて説明し直すことで、理解したつもりで理解できていなかった点が明確になり真の理解につながります。(3) 実践することで学習した知識・ノウハウが完璧ではないことを実感できます。実践するにはどういう点が問題となるか、どういう状況だと向いていないのか、どうすればうまくいくのか、実践を通してそれらを実感することで初めて知識は生きたものとなるのです。

　単に学習しただけの人は、いざ必要となっても情報を引き出すことができません。アウトプットを行っていれば、新しい問題に直面したとき、一から考える場合とは異なり、過去に経験した問題と併せて記憶を呼び覚ますことができます。さらに実践する際の課題や解決に必要なポイントも分かっています。アウトプットまで行って、初めて知識を身に付けたと言えるでしょう。

5

　インプットしたことをアウトプットすることの重要性はよく言われますが、実践できている人は多くありません。アウトプットはインプットに比べて労力が非常に大きいからです。多くの人は「自分の職場には実践できる環境がない」という理由を述べて、何も行わないことがほとんどです。多くの場合、マーケティング理論をそのまま活用できる環境なんて用意されていないことが普通です。そして、何も実践しないまま学んだことを忘れていきます。

　Aさんは、「実践しない学習は意味がないです」と言います。Aさんが、新しく購入した書籍でも、単なる抽象論でその日から実践できない内容と判断したビジネス書であれば途中で読むのをやめてしまう、というのはそのためです。

　では、どうしても実践できる環境がない場合、どうすればよいのでしょうか。Aさんはそのような場合、自部署の上司や先輩、あるいは、家族に対して、学んだことを相手の興味を引く内容にうまく変換し自分の言葉で説明する、ということを徹底しました。自分の言葉にして他人に話すと責任を生みます。大まかな知識理解では細部を突かれて論理が破綻します。

　世の中の多くの人は「学ぶこと」自体が目的になってしまっています。だからこそ「実践できる環境がない」とボヤいて終わりにしてしまうのです。しかし、Aさんにとって「学ぶこと」はインプットした知識・スキルを自らのノウハウに変えることが目的です。それができなければ、そもそも「学ぶこと」自体が意味のないこととなってしまいます。実践できる環境がないのであれば、いかにそれをつくるか、あるいは他の方法をもって知識の定着化を図るかを考えるしかないのです。そのような考え方が、Aさんをビジネストランスレーターへと引き上げた一つの要因であると言えるでしょう。

やるからには"徹底"する

　Ａさんの歩みから分かるポイントの最後は、「やるからには徹底する」ということです。Ａさんの歩みを追っていて、「こんな行動をとるのは自分には無理だ」「そういった行動ができるのはそれも才能だ」と思った方もおられるのではないでしょうか。

　しかし、あえてそのような考えは一回忘れてみてください。ビジネストランスレーターになるには、これまで持っていた既存の考え方を大きく変える必要があります。自分を変えるためには「徹底する」ということがどうしても必要です。こればかりは代替案がありません。

　誤解が無いように申し上げますが、「徹底する」というのは、Ａさんのように費用と時間を十分かけてマーケティングのマスターコースなどの講義を受講する必要がある、と言っているわけではありません。時間確保や受講費用・周囲環境などの問題から、Ａさんと同じ手段を誰もがとることができるわけではないでしょう。育児や介護などの事情を抱えておられる方はビジネストランスレーターになれないのかといえば、そうではありません。

　重要なことはＡさんのように、「他チームのミーティングに自ら参加を申し出る」「キーパーソンの人に個別に相談に乗ってもらう」「空き時間で書籍を徹底的に読む」「学んだことを自分の言葉で人に話す」など、思い切りさえあれば、少し無理をすればできることまで「忙しい」「相手がいない」「性格が向いていない」など、できない理由をつくって避けようとしない、ということです。

　Ａさんの場合、マーケティングのマスターコースに入ったことの最大の効果は、実は、自分自身を追い込めたことであったといいます。学ぶこと自体は書籍や動画でもできなくはありません。ここまでやったのに

5

中途半端をしては無駄になる、と今さらひけない状況に身を置くことで、Aさんは行動を徹底するしか選択肢がない環境を自らつくりました。自分の意志が決して強くないことを知っていたからこそ、徹底的に自身を追い込んだのです。

　そして、徹底して実行したからこそ成長と成功という得がたい果実を手に入れられたと言えるでしょう。「徹底する」ことは、誰にでもできることでありながら、一方で、誰もができていないことです。物理的に不可能なことは仕方がありませんが、できることは徹底的にやり通す、その意志を持ち続けられるかどうかが、最大のポイントです。

5-3 軌跡② 文系人材からビジネストランスレーターへの転身

5-3-1 文系人材Bさんの軌跡

　一般に、データ分析プロジェクトの担当者というとデータ分析スキルのイメージが強く、数学や論理が得意な理系人材の方が向いていると思われがちですが、本節では完全な文系の営業人材からビジネストランスレーターとなった事例を紹介します。

　Bさんはデータ分析プロジェクトを担当しますが、自ら難しいコードを書いて機械学習を回す、というような業務は行いません。その代わりに、事業上の問題を分析課題に落とし込み、この課題を解決するにはどのようなデータや分析手法が適切か、データ分析者と深く議論をしながら分析プロジェクトを進めます。そして、得た分析結果を解釈してビジネス現場の担当者を巻き込んで、具体的な施策に展開します。

　データ分析者から見てBさんは、複雑なビジネス課題を整理し、具体的な分析要件に落とし込んでくれる貴重な人材です。また、ビジネス部門の担当者にとってもBさんは、専門用語が多く調整が面倒な専門人材との間をうまく取り次いでくれる大変ありがたい存在です。

　では、もともと営業人材であったBさんは、どのようにして分析プロジェクトを統括するビジネストランスレーターとなったのでしょうか。

スキル転換のきっかけ

　Bさんは学生時代に国際法・国際経済法を専攻し、卒業後はBtoBtoCを手掛ける事業会社に入社しました。入社後は営業第一線の現場に配属され、上司・先輩の指導の下、日々顧客企業や販売代理店などの取引先

と向き合い、順調に営業予算の数字を達成していました。しかし、ある大企業を取引先とする営業部署に異動後、環境が変わったＢさんは大きな壁にぶつかることになります。

　　「これだけ予算達成が厳しい状況なのに、君は何をしているのか？」

　当時の上司からＢさんがかけられた言葉です。所属する営業部署全体の予算達成が厳しい局面にあって、いつまでもパフォーマンスが上がらないＢさんの状況を見かねた上司から叱責を受けたのです。実際、異動後のＢさんの評価や営業成績は決して高いものではなく、Ｂさん自身も、顧客企業や販売代理店に対して十分な貢献ができていないという自覚がありました。

　かつて良い成績を残していただけに、新しい営業部署で直面したこの壁はＢさんにとって大変つらいものでした。以前と同じように取り組んでいるのになぜうまくいかないのか、悩み続ける苦しい日々が続きました。そのような苦境を脱却したきっかけは「社外に目を向け、データサイエンスやマーケティングを学び、ビジネストランスレーターの考えを身に付けたことであった」とＢさんはのちに振り返ります。

答えは「社外」にある

　打開のためにＢさんがまず実施したのは、自身が目指すべき「目標」の再設定でした。現在うまくいっていないからといって縮こまった目標を立てても仕方がありません。「担当領域において日本一の営業社員になる」という大目標を掲げました。そして、それを自分の中だけにとどめず人事部と上司に公式の場で宣言したのです。

　「日本一の営業社員」とは何か、目標とする以上明確に定義する必要があります。Ｂさんは、営業予算の貢献だけでなく「顧客企業や販売代

理店から最も信頼・必要とされる社員」こそが日本一の営業社員である
と定義しました。お客様から大きな案件を任せてもらうには、お客様の
信頼を獲得することが第一の条件であることは、これまでのＢさんの経
験上明らかでした。

　ここでいう「顧客企業」とは、最終的に商品を契約いただくお客様（大
企業の従業員）が所属する企業のことで、Ｂさんが主にやりとりをする
のは、それら企業における人事・総務部の担当者でした。「販売代理店」
とは、Ｂさんの会社と連携して商品販売や販売後のフォローを担当して
くださる代理店の方々です。いずれもＢさんの会社にとって大変重要な
取引先で、両者の信頼を獲得することは営業戦略上、最重要の課題でし
た。

　Ｂさんが次に考えたのは目標達成のための方法です。「顧客企業や販
売代理店が将来関心を持つと思われる課題やテーマを推測し、先んじて
その必要性を提案し、いざ必要となった際に真っ先にサポートできる人
材になる」と決めました。顧客企業の人事・総務部の担当者は、当然で
すがＢさんの企業との取引だけを業務としているわけではありません。
それよりも優先すべき業務課題を多数抱えています。同じ目線で考え、
彼・彼女らがより関心度の高い課題、テーマについて情報や支援を提供
することが、信頼を勝ち得るための第一歩であるとＢさんは考えたので
す。

　しかし、それは決して容易なことではありませんでした。顧客企業は
日本を代表する大企業であり、販売代理店も業界随一の先進企業です。
既に様々な課題に取り組んでおり、むしろ先行事例として他の企業や販
売代理店に参考にされるほどでした。他企業が発表している人事・総務
関連の取り組みは、彼・彼女らは既に情報を押さえています。提案でき
そうなテーマを新たに見つけるのは非常に困難でした。

5

「顧客企業」×「厚労省の検討中テーマ」

　「顧客企業」の窓口は人事・総務部の担当者であることから、彼・彼女らが興味関心を持つと思われる課題・テーマの候補として、「厚労省」が現在検討している取り組みをまず調べることにしました。同省が方針を定めている情報は顧客企業も把握しています。そこでBさんは、同省のウェブサイトに掲載されている審議会や研究会の議事録・資料を手当たり次第に読むことから始めました。まだ形になりきっていない議論途中のテーマの中で、Bさんの目に留まったのは「治療と仕事の両立」でした。これは、Bさんが知り得る限り顧客企業がまだ取り組んでいないテーマです。早速、厚労省が主催する各種イベントに参加して情報を収集し、社内外のメンバーと研究・検討を行ったうえで提案書をまとめました。顧客企業はこの新しい提案に大変関心を持ち、高い評価を得ることができたのです。

　それまで、Bさんの所属組織の企業文化スキーマにおいては、顧客企業への提案は社内の既存事例を参考にすることが基本でした。Bさんは今回の経験を通じて、社内の既存事例という狭い世界にとらわれず、社外のより広い世界に目を向けて課題を考えることの重要性を強く実感するようになりました。この意識の変化が、次にBさんが「マーケティング」の活用に興味を持ち始めるきっかけとなります。

「販売代理店」×「マーケティング」

　顧客企業への提案で手応えを感じたBさんは、「販売代理店」に対しても同様に、提案につながりそうなテーマを、社内事例にとらわれず幅広く探すことにしました。販売代理店の担当者にとって一番の関心事は、当然ですが販売（セールス）の好不調です。そこで、テーマは「セールス全般」とし、関連する書籍を大量に購入し読みあさることにしました。さらに、時間をつくっては外部企業が主催するイベントに参加し、徹底して情報収集と学習に努めました。そのような取り組みを通じて、

Bさんは特に「マーケティング」と「デジタル変革」の2点について関心を持ちます。

　1つ目の「マーケティング」のリテラシーは、セールスを理解し向上させるために必要不可欠な知識であると考えました。もともとBさんは、「マーケティング」はあくまで机上の学問で、実際にビジネスの場で活用できるものではないと考えていました。しかし、改めて学習すると考え方が大きく変わりました。「CX（カスタマーエクスペリエンス）」「ロイヤルカスタマー」などのお客様理解の考え方は、Bさんが直面しているビジネス課題を整理する際に直接的に活用できそうです。また、「MA（マーケティングオートメーション）」「インサイドセールス」など様々なマーケティング手法を学ぶことは、提案できる施策の幅を大きく広げるのに有用でした。

　2つ目は「デジタル変革」です。「DX（デジタルトランスフォーメーション）」という用語は今でこそ知らない人がほぼいないバズワードですが、Bさんが学習を開始した当時はまだ一般的ではなく、Bさんの周りでその言葉を知る人はいませんでした。しかし、社外の最新事例や国外のニュースに触れていると、デジタル変革の波はすぐ間近に迫っており、会社としてすぐにでもかじを切らなければならない喫緊の課題であるとBさんは感じました。集中的に学習を重ね、知識とスキルをビジネスで活用できるレベルまで引き上げていったといいます。

　そして、この2つの気づきと学習を踏まえて、Bさんは販売代理店と共に実施していた「取扱商品の販売スキーム」について、従来の「紙ツール」によるものから「デジタルツール」へ変革する方法を企画考案し、およそ1年がかりで実現させます。実現したタイミングでデジタル変革が社内外で強く叫ばれるようになっていたため、この取り組みは「販売代理店」から高い評価を得られただけでなく、社内でも大きな注目を集

5

め、年に数人だけが選ばれる社長賞を受賞することができました。

　社外で得る学びはビジネスにおいて確かな力になる。この成功体験は
Ｂさんを大きく変えました。そして「マーケティング」や「デジタル変
革」を学習したＢさんがその次に学ぶべきと考えたのは「データ分析」
でした。

「データサイエンティスト」に懐疑的

　社会で「デジタル変革」の波が大きなうねりとなって押し寄せ始めた
中、Ｂさんの所属する会社内でも、データ活用が会社の重点課題として
挙がるようになり、やがて、データサイエンティストと呼ばれる職種が
社内に生まれ、データ分析者による「データ分析」と、その結果に基づ
く「データドリブンの課題解決アプローチ」が推奨されるようになりま
した。しかし、当時のＢさんは、「データ分析」自体は重要なテーマで
あると認識しつつも、データ分析者による分析提案自体には懐疑的で
あったといいます。

　現場のビジネスには、商品構造・販売スキーム・取引先との関係など
様々な要素があり、仕組みや構造を理解するためには最低数カ月、場
合によっては数年が必要であると経験上考えていました。実際、新た
に営業現場に着任した担当者が一人前の営業判断ができるようになる
（キャッチアップする）には半年から1年、あるいはそれ以上要すること
が一般的でした。

　ましてや、どんなに分析能力がたけたデータサイエンティストであっ
ても、実際の営業現場を自ら体験もしていない人に、地に足の着いたビ
ジネス提案や課題解決策を提示することはまずできないと考えていたの
だそうです。当時はデータサイエンティストが少なく、現場の営業担当
者が分析を依頼するには数カ月間待つ必要があり、分析結果を得るには

そこからさらに1〜3カ月先。現場のスピードと合わないスケジュール感であったことも、ネガティブな感情を一層強める要因となっていました。

　一方で、前述の通り「データ分析」そのものは重要であると強く認識していました。それは、担当していた顧客企業において営業推進を行う中で、「購入者（性年代や属性ごとの購入率など）」「商品（商品ごとの購入者傾向など）」「収支（過去状況と未来予測など）」などのデータ分析作業は以前より自身で行っており、その効用や必要性は身をもって体感していたからです。

　ただし、分析作業の難しさとその作業量の多さには課題を感じていました。当時の営業現場に用意されていたツールはExcelのみであり、100万行を超える大きなデータ処理は困難でした。数万行ずつに分割しても1つ当たり十数分以上の処理時間がかかり、年齢別の顧客分布を集計するだけで1週間以上の日数を要しました。

　データ分析を行うことで業務に支障を起こしては元も子もありませんので、通常業務用と分析作業用にPCを2台並べ、通常業務の合間に作業を実行し、また通常業務に戻る、ということを日常的に行っていました。相当根気のいる作業ではあったものの、データ分析から得られる気づきのメリットも大きかったため、諦めずにやり切れたといいます。ただ、分析課題の複雑さが増すにつれ、作業負荷は重く現実的ではなくなっていきました。

「リスキリングプログラム」で強い危機感

　転機となったのは、会社が用意した「リスキリングプログラム」の研修に参加したことです。それは都内の大学で「DX」や「データサイエンス」について1週間学ぶカリキュラムでした。この研修でプログラミン

グ言語を少し扱えるようになりましたが、そのような技術的なノウハウ以上に、Bさんが得た最も大きな学びは「正しい焦り」でした。

〈研修での学び〉
- 海外では早くから子供に「プログラミング教育」が提供されている。イスラエルでは2000年ごろから高校で、英国では2014年から小学校で必修化。
- 日本はイスラエルから20年ほど遅れ、ようやく2020年度から小学校で、2022年度から高校でプログラミング教育が必修化。教員確保など課題も多い。
- 社会人も、リスキリング（学び直し）によってデジタル時代に必要なスキルを身に付ける必要がある。
- プログラミングは、いずれ読み書きや算数のような基礎学力となる。プログラミングができない人はできる人に頼むしかなくなる。

　他国では早くからプログラミング教育が必修化されており、今後は誰しもがプログラミング言語を用いるようになるという話は、これまでプログラミングは理系出身者が行うもので、文系出身にとっては無縁なものと考えていたBさんにとっては衝撃的なもので、強い危機感を抱かせるものでした。

　常に営業現場で競合としのぎを削るBさんには、次のような場面がリアルに想像できたのです。顧客企業や販売代理店が抱える課題を、プログラミングを習得した競合社の営業社員があっという間に解決し、顧客企業や販売代理店からの信頼を一気に奪い取ってしまう……。コツコツと積み上げてきた信頼関係がスキル不足によって揺らぎ、これをきっか

けに営業数字にも大きな打撃をもたらす、といった悲惨な状況が想像されました。

　今すぐにも変わらなければならないと感じたＢさんは、それ以降、PythonやTableauの研修プログラムを受講し、eラーニングや書籍による学習を重ね、データ分析スキルを向上させていきました。後で気づくことになるのですが、それらの学習を通じて何より有益な学びとなったのは以下の点でした。

- データ分析時における「全体」の理解（5Dフレームワークの Demand/Design）
- データ分析時に必要および有用な「データの種類・構造」の理解（5Dフレームワークの Data）
- データ分析時に用いる「分析手法（決定木・重回帰分析など）」の理解（5Dフレームワークの Develop）
- データ分析が解決可能なテーマとそれ以外に対する理解
- データ分析は「作業量が多く、分析者も苦労する業務であること」の理解
- 有用な分析結果を得るためには「ビジネス理解」は必要不可欠であること（スキーマ理解、事業・顧客理解）

スキル向上への工夫は「想定学習」と「即時実践」

　文系出身のＢさんにとってデータサイエンティストによる複雑なデータ分析技術はこれまでベールに包まれたものでしたが、学びの過程で徐々に明らかになり、それによって知的好奇心が刺激され学習意欲が駆り立てられました。抱いた危機感とその学習意欲が原動力となり、Ｂさんは業務後や通勤時間・休日など徐々に学習時間を増やし、分析リテラ

5

シーの向上に取り組みます。ここでＢさんが短期間でスキルアップを図ることができたのは学習時間だけではなく、その学習方法に工夫があったからです。その工夫をまとめると以下となります。

〈スキル向上のための工夫〉
①想定学習
　　インプット（学び）は常にアウトプット（実践）を想定したうえで行う。

②即時実践
　　アウトプット（実践）はインプット（学び）から期間を空けず即時実践する。

　分析初学者にとって「②即時実践」は躊躇（ちゅうちょ）することですが、最初からすべてを行う必要はなく、まずはできることから順々に実践していけばよいのです。そういった実践行動によって自身のインプットがどの程度身になって習得できているかを測定できますし、それだけではなく様々な気づきを得ることもできたとＢさんは言います。

　例えば、即時実践した一例として「データの取り込み」があります。データ分析作業はPythonを利用する場合であってもTableauを利用する場合であっても、用意したデータを取り込むことから始まります。「構造化されたデータ（列と行で構成されたテーブルに格納されたデータ）」である必要があり、それは文系人材も普段よく利用するExcelデータのようなものです。そのため、Excelファイルがあればデータの取り込みはすぐにできると考えがちですが（Ｂさんも学習前はそのように考えていました）、実際にはそうではありません。

例えば、「結合されているセルがある」「1つのセルに2つ以上の値が入っている」「同じ内容の値が複数列に入力されている」「余分な行が入力されている」ことは多く、そのままでは取り込めないのです。机上の学習では深掘りされることのないテーマですが、実際に作業したことで、そうした事実に気づくことができたといいます（**図表5-1**）。

構造化データ

POSデータ	顧客ID	購買日	購買品ID	購買金額
00001	B00123	2022/1/1	B-001	3,500
00002	E00299	2022/6/6	A-002	1,500
00003	H00031	2022/7/7	B-002	2,000
00004	U01079	2022/10/10	A-008	1,000
00005	T00177	2022/11/11	A-007	3,000

正しく構造化されていないデータ

エリア地区	都道府県	1月・売上金額	
		都道府県	エリア
関東	東京	1,000,000	
	千葉	500,000	2,100,000
	神奈川	600,000	
関西	大阪	700,000	
	京都	300,000	1,000,000

結合されているセルがある

アンケート回答者	質問1：購買頻度	質問2：店舗選択理由
A	3か月に一度	①立地，③値段
B	毎週	②品数，③値段，④接客，⑤ポイント
C	1か月に一度	①立地，②品数，③値段
D	毎日	③値段，⑤ポイント
E	半年に一度	③値段，④接客，⑤ポイント

1つのセルに2つ以上の値が入っている

図表5-1　構造化データと正しく構造化されていないデータの例

Bさんはこの気づき以降、新しいデータを得たときに次のようなことを考えるようになりました。「このデータは構造化されているのでこのまま取り込むことができる」「このデータは構造化されておらずこのままでは取り込めない」「構造化するにはどのような加工をすればよいだろうか」「前工程にもデータがあるのでそれを抽出する方が手順としては簡単だ」などです。

さらには応用編として、「今回は形式の異なる2つのデータがあるが、結合するにはどのような方法があるだろうか、どういった点に注意し

5

なければならないか」といった視点も持つようになりました。さらに、「実践」で生じた疑問を解消するために再度「学び」に戻っていくケースも生まれます。こうした課題や疑問点は実践をしたからこそ生じたものです。実践しないでこのような観点を網羅的に身に付けるのは難しいでしょう。

　すべてを習得してから行動に移すのではなく、学んだ項目から順々に実践することが大事です。「学び」に「クイックな実践」を加え続けることが、「机上の知識」を「現場で活用できる知識」に変換できる方法であり、Ｂさんが短期間でスキル向上を図ることができたのもそうした工夫があったからです。

　もう一つＢさんが「スキル向上のための工夫」として行った例を紹介します。それは、「学びの内容」を「自身の言葉に置き換えたうえで他人に説明すること＝言語化」です。

　この取り組みのきっかけは、Ｂさんが大学生の時に遡ります。塾講師のアルバイトをしていたＢさんは、生徒から「この英語の現在分詞はどこまで勉強したら理解したと言えますか？」という問いを受けました。思わぬ質問に虚を突かれたＢさんは改めて「理解とは何か」思考を巡らせます。そして、たどり着いた答えは「他の人に説明できるようになれば理解できていると言える」ということでした。以降その生徒は、学習した内容をＢさんに説明するようになり、学びの理解を深めていくようになりました。

　この取り組みはＢさんが社会人となったビジネスシーンでも有効に機能し、学ぶ側となる場合は常に「他人に説明する」ことを意識して学習することで、身に付けた知識を自らの血肉となるようにしています。

〈スキル向上のための工夫〉「自身の言葉に置き換えたうえで（言語化）、他人に説明をすること」編

①想定学習　インプット（学び）は常にアウトプット（実践）を想定したうえで行う
- 研修や書籍などで学ぶ際には、常に他人に説明することを念頭に、例えば以下のことを考えながら学習する。

「今の講師の説明内容を社内メンバーや取引先にそのまま説明しても伝わらないだろうな」

「我々のビジネスではどのような言葉に置き換えると伝わるだろうか。どのような例を用いると分かりやすいだろうか」

「これを説明すると、間違いなくあの質問を受けることになるだろう」

「それに対する適切な回答は何だろうか。この回答で合っているだろうか。念のため講師に確認しておこう」

②即時実践　アウトプット（実践）はインプット（学び）から期間を空けず即時実践する
- 学びの後、期間を空けずに他人に話すことを徹底し、早いときはその日や翌日に話す。説明の方法はプレゼンテーションなど形式にとらわれる必要はなく、「取引先と昼食を取っている時」「移動中の車中で上司と会話している時」「残業中に同僚や後輩と話す時」など、普段の会話の中で話すだけでも言語化されるため、理解度の確認と知識の定着化に有効である。
- 会話時の相手の反応から、自身の説明の良しあしの振り返りや、そのトピックスへの関心度合いなども推し量ることができる。また、会話の中では、想定外の質問や、学びが及んでいない領域に関する質問などもあるが、それもまた「学び」へ戻っていくための良いきっかけとなるので、臆せずまずは話す。

5

　こうしてスキルを向上させたＢさんは、次にある大きなプロジェクトに臨みます。それは、Ｂさんが初めてビジネストランスレーターとして役割を担ったプロジェクトでした（当時のＢさんはビジネストランスレーターという言葉や概念を知っていたわけではありません）。

現場担当者だからこそ持つ課題感と熱量

　当時Ｂさんは、販売代理店と共に顧客企業の従業員向けに商品を販売していましたが、購入済顧客が増えたことによる未購入者の減少や、少子高齢化や団塊世代の退職などにより、新規購入者の獲得拡大は年々難しくなってきていました。状況を打開するため商品リニューアルや販売方法を刷新しましたが、販売代理店とＢさんの部署が目標（KPI）とする新規顧客獲得数には至りませんでした。

　危機感を募らせたＢさんは、これまでのリスキリングを踏まえて「データ分析とマーケティング」を組み合わせた取り組みに解決の糸口があると考えます。従来であれば、本社支援部門への相談などによって解決策を検討したかもしれません。しかしこの時、Ｂさんは自らが音頭を取って、KPI達成に向けたデータ利活用プロジェクトを進めていく選択肢を選びました。本社の担当者やコンサルタントに仕切りを任せることもできましたが、今回のケースにおいては、自分が誰よりも課題を正しく理解し、解決に向けた「熱量」も誰よりも大きい、との思いがＢさんにあったからです。

　過去に優秀なデータ分析者がプロジェクトに参加したものの、取り組む課題について現場の感覚とズレがあったため、成果につながらなかった事例をいくつも見てきました。触れた熱湯がどれだけ熱いかを説明して伝えるのが難しいように、自分の熱量を他人に伝えるのは難しいものです。そこでＢさんは、自分が主体となってデータ分析に取り組む方がよいと考えたのです。

Ｂさんは、自らがその課題を各関係者と正しく共有し、解決に至る道筋を描く存在、すなわちビジネストランスレーターとして本プロジェクトに関わることになります。ここからはその取り組み内容について、プロローグで説明した「5Dフレームワーク」のフローに沿って解説します。

各関係者間での要求　－Demand（要求）－

　Ｂさんはまず、5Dフレームワークの「Demand」フェーズの行動として、ビジネス現場の抱える課題と要求を整理することにしました。「ビジネス現場」と一言で言いますが、Ｂさんのケースでは、Ｂさんが所属する営業部署と取引先である販売代理店、それぞれの課題と要求をまとめる必要があります。Ｂさんは、目標未達を引き起こしているボトルネックポイントがどこか把握するため実績データを集計します。

　そして、そのデータを基に販売代理店にヒアリングし、彼・彼女らが認識する課題や要求事項とズレがないか確認しました。Ｂさんが販売代理店の担当者とそのような込み入った話ができたのは、これまでのマーケティングやデジタル変革の取り組みを通じて、日常的に信頼関係を築き率直な会話ができる関係があったからこそです。

　さらに、普段から課題感について意見交換をしていたため、改めて一から確認する必要もありませんでした。長い時間、共通の課題に取り組み、そしてその苦悩も共有してきていたため、相手の「要求」を的確に捉えることができていたのです。

　Ｂさんは本課題におけるDemand（要求）を次のように整理しました。

5

課題
- 購入済顧客の増加や各種要因による市場縮小のため、新規顧客獲得数が鈍化。
- 商品開発や販売方法刷新などによる改善策を打ち出すも、新規顧客獲得目標（KPI）を大きく下回る水準が継続。

要求
- 現状をデータにて正しく「理解」することで、今後進んでいくべき方向を指し示す新たな「戦略」を打ち立て、「戦術」を策定すること。

戦略ドリブンの全体デザインと分析テーマの選定　－Design（デザイン）－

　要求に対する解決方針を検討するのは、5Dフレームワークの「Design」フェーズになります。Bさんはマーケティングで学んだ佐藤義典氏の「戦略構築プロセス」の考え方を参考に、Demand（要求）に応える形で自らの課題を「現状分析・戦略構築・目標設定・優先順位・戦術作成・効果測定」の6つのステップに分けて進め方を整理しました。

〈戦略ドリブンで全体をデザインする〉
①現状分析：調査と分析によって取り巻く環境をデータで正しく把握する。
②戦略構築：分析結果を基に戦略を検討・立案する。
③目標設定：戦略に基づく目標を検討する。
④優先順位：設定した目標に優先順位を設け、取り組むべき目標を決める。
⑤戦術作成：定めた目標に対する具体的な施策を立案する。

⑥効果測定：実行中・実行後の施策効果を測定し分析する。

　本プロジェクトはリソースやスケジュールなどの関係で外部企業の力を借りることになりました。特に「データの収集（Data）」と「分析（Develop）」の実務作業については、Ｂさんが一人で担当するよりも、外部企業に委託することが合理的と判断しました。そこでＢさんは、連携する外部企業の選定に取りかかります。調査分析の実績があるアンケート会社やコンサルティング会社を中心に複数社に話を持ちかけました。

　すると「モニターの行動データ解析」や「ナラティブ分析による顧客理解」など、いくつかの企業から高度なデータ分析ソリューション提案がありました。いずれも新しい切り口の興味深い分析手法ではありましたが、そのような各種提案の中でＢさんが選択したのは、購入者のロイヤルティ（忠誠度）状況と要因の調査を目的とした「ネット・プロモーター・スコア（NPS®）※」と「カスタマージャーニーマップ（CJM）」を組み合わせたシンプルな手法による提案でした。

※NPSは、ベイン・アンド・カンパニー、フレッド・ライクヘルド、NICE Systems, Inc. の登録商標です。

ネット・プロモーター・スコア（NPS）
　2003年に米ベイン・アンド・カンパニーのフレドリック・F・ライクヘルドによって提供された指標で、顧客が企業や商品・サービスに対してどれぐらい信頼や愛着を抱いているかを数値化し、要因把握から顧客体験の改善を行うことができるもの。

カスタマージャーニーマップ（CJM）
　日本語訳では「顧客の旅の地図」を意味し、顧客が企業や商品・

5

サービスと出合い、比較検討の末に購入・利用し、最終的に優良
顧客となってもらうまでの一連のプロセスを図式化したもの。

　決して小さくない予算を投下し、短期間で確実に成果を上げなければ
ならない立場にあったＢさんは、手法の斬新さよりも、結果として得ら
れる分析結果が本プロジェクトの関係者を腹落ちさせられるかどうか、
それにより次の戦略構築や優先順位設定、戦術作成などの具体に落とし
込めるかどうか、その観点で提案を評価したのです。

　ある高度なデータ分析ソリューションは確かに興味深い手法ではあり
ましたが、販売業務への落とし込みが困難でした。また、別の手法は定
性的な顧客理解にとどまっており、数値根拠を重視する関係者を説得す
るためには、より直観的な定量情報がある分析手法の方が納得させやす
いと考えました。

　本プロジェクト関係者の意思決定スキーマやオペレーションスキーマ
を深く理解しているＢさんであったからこそ、分析手法ありきではなく、
「課題解決に最適な分析手法」という観点で判断することができたのだ
と言えます。

　分析設計も定まり、いよいよ実行フェーズに移りたいところですが、
その前に乗り越えなければならない「大きな山」が残されていました。
実行に当たって「社内」および共同実施主体である「販売代理店」から承
認と予算を獲得しなければなりません。

決裁に許された期間は3週間（Designを実行につなげるために）

　通常このような新しい取り組みの場合、それぞれの会社から決裁承認
を得るには「数カ月」かかることもざらですが、今回Ｂさんは「3週間」

という短期間にすべての決裁者に内容を説明し、承認を取り付ける必要がありました。当初、非現実的なスケジュールであると思われましたが、Bさんは会社・販売代理店からの承認を極めてスムーズに獲得することができました。それも、各決裁者から「現在の我々に求められている取り組み内容であり、必ず実施するべきだ」との熱い期待を伴っての承認でした。

これは、Bさんの常日ごろからの行動の賜物でした。現場担当者として真剣に課題に向き合っている当事者の言葉だからこそ、関係者は耳を傾けたでしょうし、Bさんの提案が関係者のスキーマとDemand（要求）に的確に応えるものであったからこそ、決裁者も納得感を持って承認したのだと思われます。

さらに、Bさんがマーケティングやデータ分析の学習をしていたことを各社の決裁者は知っていました。都度学んだことを実践していたBさんは、いつの間にか部署内や販売代理店の担当者からは、知識が深く頼もしい実践者として評価されていました。今回の分析プロジェクトも、Bさんが普段から行っている実践取り組みの延長として、決裁者側にも提案を受け入れる素地が既にできていたのです。

ビジネス現場では、本件のように短期間でDemand（要求）をまとめなければならないケースは多々あります。どんなに優秀な分析者も現場のスキーマを深く理解するには一定の時間が必要であるため、ビジネス現場の担当者が率先してビジネストランスレーターの役割を担うことの意義は非常に大きい、とBさんは熱弁します。

5

橋渡しの役目を果たし計画通りデータを収集完了　－Data（データ）－

　無事にすべての決裁者から承認を得たＢさんは、調査とデータ分析を得意とする外部企業と委託契約を締結し、データ分析プロジェクトのData（データ）とDevelop（開発）のステップへと手順を進めていきます。今回は幸運にも、外部企業から優秀なプロジェクトマネジャーとデータ分析者がアサインされたため、分析周りの主導役は同社に委ねたうえで、Ｂさんはビジネストランスレーターとして、ビジネス現場側（販売代理店・自社内の関係部署メンバー）と外部企業側（データ分析者）との間に立ち、双方に必要となる説明や補足を行いつつプロジェクトを前進させていきました。

　例えば外部企業側へは、データ分析時に有効となり得るデータの所在や各データの持つ意味を説明し、不足するデータについてはその内容と取得するまでの道筋も含めて伝えました。今回のテーマである「CJM・NPS」に関してのデータがないため、既存顧客へウェブアンケート形式にてデータを収集する方法を提案するといった形です。

　また、ビジネス現場に対しては、データ分析を通じて何が得られ、何を得るのが難しいのか説明することで期待値調整を行ったり、外部企業側が求める対応の背景や必要性の社内説明を行ったりしました。このような橋渡し役の対応によって、ビジネス現場側・外部企業側の双方が納得する形でプロジェクトは計画通り進捗し、「CJM・NPS」に関するデータも予定通り収集を完了させます。

　そして次に、販売代理店やＢさんの会社が持つデータを組み合わせて「分析作業」を行う段階へと移ります。

分析成果物の初稿レポートに違和感 　－Develop（開発）－

　ここまで順調に進捗していたプロジェクトですが、分析作業Develop（開発）にて大きな壁に直面します。全関係者を集めた「分析報告会」を2週間後に控え、Bさんは初稿レポートをデータ分析者より受領し確認しますが、究明しようとしていた顧客理解の解像度は粗く、様々な観点から分析を行っているものの、どの結果も腹落ちできるものではなかったのです。この内容で報告すると他の関係者からも同様の反応が示されることが予想され、この分析結果から新たな戦略や戦術を検討・発案することはおよそ不可能と思われました。

　何としても解決策を見いださなければならないBさんは、初稿レポートとデータを徹底的に見直し、データ分析者ともコミュニケーションをとりながら原因と解決策を探っていきます。やがて、購入者のセグメンテーション（層別）にその可能性を見いだし、顧客を購入タイミング別に3ケース（定例販売時・キャンペーン時・その他随時）に分けて分析し直すことで気づきが得られると考えました（**図表5-2**）。

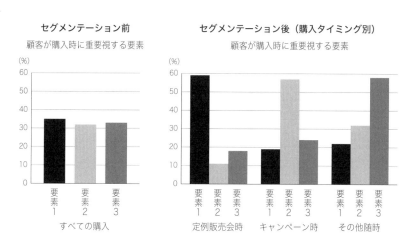

図表5-2　**購入タイミング別に分類することで購入に至った要素を明確化**

5

　取得済みの別の質問項目から購入タイミングを推定することを発案
し、Bさんはこの要素を取り入れたうえで、再度分析をするようデータ
分析者に依頼します。その結果、顧客を購入タイミング別に分類したう
えでの分析結果は見違えるものとなり、顧客理解の解像度は一気に高ま
り、関係者に様々な示唆と共に説明できるレポートが完成したのです。

　Bさんはデータ分析の実務作業を行っていませんが、完成したレポー
トへの貢献度は非常に高かったと言えるでしょう。実施したことは「一
つの気づき」だけに見えるかもしれませんが、データ分析結果をうまく
ビジネスに活用できるかどうかは、その気づきがあるかないかで大きく
変わります。現場の担当者としてのビジネススキーマ理解と、データ分
析実務への理解の両方を持ち合わせていたことによって得た気づきであ
り、「ビジネストランスレーター」としての役割が発揮された好例であ
ると言えるでしょう。

分析結果をビジネス現場の戦略と戦術に落とし込む　ーDeploy（展開）ー

　データ分析の報告会では、「提示された結果が予想とは逆で驚いた」
「どの営業推進策に今後リソースを割くべきかの材料になった」「顧客の
ロイヤルティ状況は興味深いものであった」「訴求キーワードを選択す
る際の参考にできる」など、好意的な反応が多数寄せられ、成功裏に終
わることができました。しかし、最終的に成功したと言えるのはビジネ
ス課題を解決した時であって、Bさんの正念場はまさにここから始まる
と言っても過言ではありません。

　Bさんは報告会で、Demand（要求）で確認した「課題」と「要求」に
対応した「戦略案」と「戦術案」を提示しました。その一部を紹介します。

〈分析結果〉
- NPSと各収益指標（料金・リピート意向）には相関関係。
- NPSと顧客が購入する商品のオプション数にも相関関係。

〈戦略案〉
- 従来の「新規顧客獲得数」に加えて、「オプション数」も強化項目に含め、目標（KPI）に追加すること。（オプションは新規購入時以外にも顧客の好きなタイミングで追加・削除・変更することが可能）

〈戦術案〉
- 年に1度のキャンペーン時において既存顧客向けのリピート販促（オプションのおすすめ、など）を強化すること。

　この戦略案の見直しは、長年「新規顧客獲得数」を目標（KPI）としてきた販売代理店にとって、大きな方向転換となるため、一部では反論もありましたが、データで示された分析結果の説得力は強く、最終的には戦略案も戦術案も採用され、その年のキャンペーン時に実行に移されました。

　新規顧客のリピート購入率などは複数年にわたっての検証が必要となるため現時点で戦略の成功は断定できませんが、少なくともその年においては、オプション購入者数は増加し、リピート購入率も向上する結果となり、成功と言えるものとなりました。

5

5-3-2　軌跡②のポイント

　いかがでしたでしょうか。Ｂさんの事例を通じて、現場の社員がビジネストランスレーターになることの意味と、データ分析プロジェクトへの関わり方について説明しました。本取り組みは、Ｂさんがビジネス現場にいたからこそ課題が発掘され、短期間のうちに関係者を説得し、巻き込むことが可能となりプロジェクトが始動しました。また分析実務の各フェーズにおいてＢさんがビジネス現場側とデータ分析者側の間に立ち、双方の橋渡し役を担ったからこそ、成功したと言えるでしょう。

　現場に眠る様々な課題を表出させ、解決へと導いていくには、現場の社員がビジネストランスレーターになっていくことが重要だと筆者は考えています。最後に、改めて本節のポイントを振り返ってみます。

ポイント①「社外」に活路を見いだす

　既存のやり方にとらわれず広く発想の幅を広げたことで、Ｂさんは新たな視野で顧客企業が求める新規提案を行い、信頼獲得へとつなげました。企業文化スキーマを越えて取り組むことは非常に勇気が要ることですし、必ずしもＢさんの事例のようにうまくいくわけではありませんが、大きな壁に直面した際に視野を広げ解決手段を考えることは、ビジネストランスレーターとして第一歩を踏み出すきっかけとなりました。

ポイント② 現場ならではの課題理解と「熱量」

　Ｂさんは、自身がビジネス現場出身のビジネストランスレーターであることは大きな強みであると考えており、現場の担当者はすべからくビジネストランスレーターになることを目指すべきと考えています。分析スキルは理系の専門人材には及ばないかもしれませんが、それ以上に、現場経験者ならではのスキーマ理解や、現場との関係構築力、そして何よりも課題解決に向けた「熱量」は理系の分析畑出身のビジネストランスレーターには容易にまねができない大きな力です。

ポイント③「想定学習」と「即時実践」

　一方で、分析畑出身のＡさんと営業畑出身のＢさんの行動には、いくつかの共通点もあります。その一つが実践を想定しながら学び、学んだことをすぐ実践し、クイックな実践を心がけたことです。理系文系に関係なく、知識の深掘理解と定着化のためにクイックな実践を行うことは共通的に必要な行動であると言えるでしょう。

ポイント④ 分析成果物を判断する

　Ｂさんは、データ分析者の作成した初稿レポートを見て、このままでは分析報告会はうまくいかないと判断し、データ分析者と再議論を重ね、成果物を作成し直しました。これは非常に重要なことです。データ分析者にとっては、理論的には正しい成果物を提出したとしても、それが本当にビジネスに活用できるという自信はありません。そのため、役職の高い意思決定者の目に触れる前に、分析成果物についてビジネス担当者に入念なチェックをお願いしたいと強く考えています。

　しかし多くの場合、現場の担当者はそこまでの本気度で確認せず、流し読みをするか、あるいは全体目的には影響しない重箱の隅を突くだけの指摘で終わりがちです。そのような状況において、この人に事前確認すれば間違いない、何かあれば適切な指摘をしてくれると信用できる、現場感覚を理解したビジネストランスレーターはデータ分析者にとって非常に心強い存在となります。

　ここまでＡさんとＢさんという対極的な立場から、ビジネストランスレーターとなった2人の事例を紹介してきましたが、いかがでしたでしょうか。みなさんのこれからの取り組みにとって、少しでも参考になれば幸いです。

5

DXは泥臭い、変革とはそういうもの

ビジネストランスレーターの役割は『泥臭いトランスフォーメーション (DX)』

　本書では、ビジネストランスレーターの重要性や果たすべき役割、必要なスキルについて述べてきました。

　ここ数年の DX ブームや、データ分析・活用の浸透に伴い、データサイエンティストなどの職業に光が当たるようになりました。また最近ではリスキリングという言葉とともに、「データ人材やデジタル人材を倍増させる」といった企業をメディアで見るようになりました。様々な業界で数多くの DX やデータ分析プロジェクトに従事してきた経験に基づけば、DX は想像以上に「泥臭い」ことが多く、華やかな「デジタル」という言葉の響きとは裏腹に多くの「アナログ」の壁を越えなくてはなりません。

　「同業界の A 社がこんな DX 改革をやっていて、売り上げがこんなに変わったらしい。わが社もまねしなければ」ということで現場に指示が下りてきても、事例に出てくるような企業はそんな小手先の改革をしているわけではなく、「泥臭いトランスフォーメーション」を同時に推し進め、人事制度や社内カルチャー・マインド、経営層・ミドルマネジメントの教育などをセットで進めているはずです。そしてその現場にはたいてい「ビジネストランスレーター」的な旗振り役が存在しています。

　デジタルの波は今後も日本社会を大きく飲み込んでいくことでしょうし、データを活用するといううねりはますます強くなってくるでしょう。

ビジネスパーソンたちは社会や組織の変化の波にもまれながら、リスキリングをし続け己を高め、そして時に既得権に巣くう「変化を嫌う抵抗勢力」たちと激しく戦っていくことになります。

　筆者たち自身もこれまで多くの抵抗勢力たちとの激闘を繰り広げてきましたが、表面的なビジネス知識やデータ分析スキルだけでは決して打ち勝つことはできませんでした。ビジネストランスレーターで身に付けるべきスキルとは、そうした次の時代を担うビジネスパーソンにとって必要不可欠な武器なのです。

データを使いこなし未来をより良いものにするために

　ここ数年、ますます世界は不安定化し、パンデミックや戦争など想定外の事象が次々と起きています。日本社会は深刻なスピードで少子化が進んでいましたが、コロナ禍の影響でそれはさらに加速していると言います。今後の生産年齢人口の減少が、日本の産業に大きな影響を及ぼすのは間違いありません。

　一人ひとりの生産性向上は、待ったなしで今以上に求められます。過去の成功体験で生きる人々の「変わりたくない」という考え方はもう通用せず、「変わり続けなければ生きていけない」という時代に突入しているのです。そしてその「変わる」とは表面的なスキルを身に付ければよいのではなく、目の前の事象や課題をデジタル技術やアナログ手法を自由自在に駆使して解決することが重要なのです。

　多くの人は組織に所属し、日々多くの壁に直面し、上司から無理難題を言われ、それでも目の前の課題をクリアしていくために、日々悪戦苦闘しているはずです。これまで見てきたように、たとえ世の中がOMO（Online Merges Offline）の時代になろうとも、関与する個人を無視してことを進めることはできません。ヒトとコミュニケーションをとり、

ヒトと信頼関係を構築し、ヒトを巻き込む、というプロセスは変わりません。

　本書で記載したビジネストランスレーターのノウハウはデータ分析のみならず、あらゆるビジネスの場面において応用可能です。データ分析を専門にされている方も、これからデータを活用したいビジネス現場の方も、現場で販売活動に従事されている方も、本書のノウハウをしっかりと身に付け、この荒波を泳ぎ切るチカラを身に付けていきましょう。努力は決して裏切りません。

　本書執筆にあたり、前著『データ分析人材になる。　〜目指すは「ビジネストランスレーター」〜』を出版してから読者やセミナー参加者の方からいただいたご意見や疑問などをベースに、執筆メンバーで数カ月間にわたりテーマを議論しました。前著で触れることができなかった「どうすればビジネストランスレーターになれるのか」という点について、本書を読めばその入り口まで進めるよう、徹底的に泥臭いノウハウ部分まで含めて記載するというコンセプトで書き始めました。

　JR東日本の渋谷直正様、ELYZAのCMO野口竜司様、『"未"顧客理解』の著者であるコレクシアの芹澤連様、ビービットの藤井保文様とは多くのディスカッションをする機会をいただき、本書執筆にあたって多くの新たな気づきやヒントをいただくことができました。また、日経BPの松山様には前著に引き続き、執筆全般に多くのアドバイスをいただきました。この場を借りて感謝申し上げます。

筆者プロフィール

木田 浩理（きだ ひろまさ）

三井住友海上火災保険 経営企画部部長 CMO ＣＸマーケティングチーム長

1979年生まれ。慶應義塾大学総合政策学部卒業／同大学院政策・メディア研究科修了。通信会社、ソフトウエア会社、百貨店、EC、通販などを業界で営業、データ分析、マーケティング実務を経験。2018年三井住友海上にデータサイエンティストとして入社し、データコンサルティングやデータ人材育成に従事。2021年10月より現職。一般社団法人金融データ活用推進協会理事。共著に『データ分析人材になる。〜目指すは「ビジネストランスレーター」〜』（日経BP、2020年）

石原 一志（いしはら かずし）

三井住友海上火災保険 経営企画部 ＣＸマーケティングチーム 課長

1980年生まれ。京都大学情報学部卒業／同大学院情報学研究科修了。通信会社に入社後、ネットワーク管理、開発購買、生産・在庫管理、コールセンター運営、ECサイト運営など幅広い業務に従事。出向先通販会社にて、顧客理解やCRM施策などのデータ分析、データコンサルティング外販事業の立ち上げ・会社設立などを担当。2022年から現職。中小企業診断士。共著に『合同会社設立・登記・運営がまるごとわかる本』（日本法令、2019年）

佐藤 祐規（さとう ゆうき）

三井住友海上火災保険 経営企画部 ＣＸマーケティングチーム 課長代理

1985年生まれ。北海道大学工学部卒業／同大学院情報科学研究科修了。通信会社に入社後R&D部門をはじめシステム部門、ビジネス部門にて開発、データ分析、マーケティングを担当。分析環境の構築からデータ分析、マーケティング施策の実行まで幅広く従事。JMAマーケティングマスターコース26期生。情報処理技術者データベーススペシャリスト。2022年から現職。

神山 貴弘（かみやま たかひろ）

三井住友海上火災保険 経営企画部 ＣＸマーケティングチーム 課長代理

1984年生まれ。明治大学法学部卒業。新卒で三井住友海上に入社後、大阪一般営業部にて中堅中小企業・保険専業代理店向け営業を担当。2014年より、東京企業営業部にて大手企業向けの各種戦略・戦術構築の業務に従事。同社で初となる「デジタル戦略募集」「ロイヤルティ調査」などを実現し、DX・CXの取り組みを推進。2022年から現職。

山田 紘史（やまだ ひろふみ）

三井住友海上火災保険 経営企画部 ＣＸマーケティングチーム 上席スペシャリスト
1985 年生まれ。北海道出身。中央大学理工学部卒業／同大学院理工学研究科修了。電通イーマーケティングワン（現・電通デジタル）に入社後、マーケティング領域のデータを活用した施策効果検証業務を担当。その後、フリーランスでのアナリストとしての活動などを経て、2019 年に三井住友海上に入社。損害保険データの分析、シミュレーション業務や分析基盤構築に従事し、2021 年より現職。

伊藤 豪（いとう たけし）

三井住友海上火災保険 経営企画部 ＣＸマーケティングチーム 課長
1981 年生まれ。早稲田大学商学部卒業。SPSS ／日本 IBM にて約 10 年間、ソフトウエア営業とデータ分析のコンサルティングを経験。その後通販企業にてデータ分析者に転身。顧客や市場の分析により CRM や商品開発に関わる。2019 年に三井住友海上に入社し、保険データや取引先データの解析などを行う。2021 年より現職。

ビジネストランスレーター
データ分析を成果につなげる最強のビジネス思考術

2023年3月6日　第1版第1刷発行	著　　者	木田 浩理、石原 一志、佐藤 祐規
		神山 貴弘、山田 紘史、伊藤 豪
	発 行 者	小向 将弘
	発　　行	株式会社日経BP
	発　　売	株式会社日経BPマーケティング
		〒105-8308
		東京都港区虎ノ門4-3-12
	装　　丁	bookwall
	制　　作	マップス
	編　　集	松山 貴之
	印刷・製本	図書印刷

Printed in Japan
ISBN978-4-296-20166-2